남자,
마흔 살의
우정

남자,
마흔 살의
우정

전경일 지음

21세기북스

들어가며

참 좋은 인생

　사람 사이에 있다 보면 가끔은 혼자이고 싶을 때가 있다. 혼자 걷다 보면 가끔은 둘이 되고 싶을 때가 있다. 혼자가 아닌, 둘이 되어 마주 하고 싶다. 삶의 여정을 나누는 그런 친구를 만나고 싶다. 그를 통해 오히려 나를 만나는, 그런 친구가 보고 싶다.

　가끔은 퇴근길에 만나 삼겹살에 소주 한 잔 기울이며 지난 세월을 돌아본다. 서로 가야 할 길은 묵묵히 바라봐 주고, 굽어가는 등에는 서로 손 얹어 준다. 그러다가 때로는 어깨동무하고 추억 속으로 달려 가고픈 벗들이 있다. 그저 바라만 봐도 서로를 알고, 그래서 마음 편한 친구들이 그립다.

　어느 시인의 말처럼, 삶의 고개 마루에서 올라갈 땐 보지 못한 꽃을 내려오며 살피고 싶다. 흐드러지게 피지는 않았어도 수줍은 듯 고개 숙인, 그런 꽃송이로 그들에게 다가가고 싶다.

　철없던 시절엔 마냥 뛰어 노는 것만으로도 벗들을 만났다. 까까머리 시절엔 오줌발을 겨누며 장난만 쳐도 친구가 되었다. 그 묵은 추억들처럼 깊어진 정을 일상 속에서 나눌 수 있는 사람, 이게 바로 친구의 정의가 아니겠는가.

　하루가 다르게 훤칠해지던, 그래서 짧아진 교복 바지가 마른 복숭아 뼈에

깡총하던 고교 시절의 친구들. 나는 그들의 모습을 낡은 사진첩에서 꺼내어 보고 미소를 짓는다. 최루탄 날리던 교정에서 어쭙잖게도 정의와 낭만을 울부짖던 예전의 나를, 더벅머리 친구들의 흑백사진 속에서 읽는다.

이제 우리는 다시는 돌아오지 않을 인생의 험준한 길에 서 있다.

그 길 위에서, 두 손 잡고 함께 할 누군가를 찾고 싶다. 한없이 고달프다가도 어느 날은 기쁨의 축포를 터뜨리는 알다가도 모를 이 삶 속에서, 소주 한 잔 털어 넣으며 다가갈 수 있는 친구로 남고 싶다. 이렇게 삶 중턱에 서 있다 보면, 홀로 남겨진 나를 발견하고 소스라치게 놀란다. 이제는 사람들 속에서, 그 타인의 숲에서도 벗을 만나고 싶다. 인생의 굽이굽이에서 고달픈 그들에게 응원가가 되고 싶다. 힘겨운 이들의 품에 희망을 안겨 주고 싶다.

그렇다. 우리는 혼자가 아니다.

외롭지 않은가, 조금은 따뜻한가 서로에게 물어볼 수 있다는 것만으로도 우리는 행복하다. 누군가를 만나고, 또 누군가의 친구가 된다는 것은 인생을 알아 가는 일이다.

고맙다, 친구들아. 너희가 있어 참 좋은 인생이다!

2006년 가을 전경일

차례

● **들어가며_ 참 좋은 인생**

제 1장 그래도 친구가 있다   09

따뜻한 그때 그 술집 * 일상의 평화, 내 오랜 친구 * 친구의 인생에 비가 내렸다
함께 늙어 간다는 것 * 묵은 된장 같은 오랜 친구 * 친구여, 용서를 빈다
메밀꽃 피는 동네 * 헤어져도 친구입니다 * 평생 친구였던 '당신'
나에게 오라 너에게 가마 * 못난 나무가 산을 지킨다 * 밑천 쌓인 관계
이보다 좋을 수 없다 * 친구는 악기처럼 사네 * 어디선가 본 듯한
곁에만 있어도 푸근한 친구에게 * 마음과 마음 사이 1센티미터
친구의 무덤을 찾아

제 2장 친구가 있어 참 좋다   103

친구란 무엇인가 * 기분 좋은 초대 * 우정의 주성분 * 원칙이 있는 곳에 친구가 있다
깊은 이해 * 더불어 사는 사람들 * 위대한 유산 * 마음에도 영양분을 주세요
술잔에 담긴 우정 * 조심스러운 바가지 * 안락의자 같은 당신 * 악수를 하세요
어려움 속에서 싹트는 우정

제3장 내 친구들은 어디 있을까?　165

작고 사소한 일을 함께 나누는 사람 * 그대, 배려할 줄 아는가
모든 것이 변한다 * 친구를 대할 때도 원칙이 있다 * 상처는 도려내야 아문다
멀리 있어도 함께인 친구 * 아픔을 치유해 주는 치료사 * 서로 의지한 순간들
내 거울은 누구인가 * 인생의 무임승차 * 들어주어야 마음이 열린다
친숙한 이방인

제4장 더불어 가는 사람　219

인스턴트 친구 * 부부도 친구다 * 직장 안에 친구
다양한 연령의 친구 * 채팅으로 만난 친구 * 작은 인사가 친구를 만든다
친구는 나의 건강 보험 * 친구가 될 수 없는 사람 * 친구든 적이든

행복한 중년을 위한 친구론
나가면서_ 당신을 만나러 가는 길

1장
그래도 친구가 있다

●
하고픈 얘기는 많아도
그저 그렇거니 하고 고개 끄덕이고 마는 친구,
그런 친구가 무시로 그리워집니다.
중년에 들어서는 말입니다……

그때 그 따뜻한 술집

나와 별반 다를 바 없이 평범한 직장 생활을 하는 친구가 하나 있다. 그 친구의 취미가 음악이라는 것은 모두가 공공연히 아는 사실이다. 그래선지 이 친구는 나와 술을 마시면 꼭 내 손을 잡고 피아노가 있는 단골 술집을 찾는다.

먼저 좁다란 의자에 앉아 잔을 부딪쳐가며 애들 크는 얘기를 하고, 회사 얘기를 하고, 이 시대를 살아가는 우리의 처량함과 도전을 운운한다. 그렇게 적당히 취하고 나면 진짜 술자리가 시작된다. 친구는 셔츠 소매를 걷어 부친 뒤 피아노 앞에 앉아 건반을 두드리고, 나는 거기에 맞춰 가끔씩 노래를 흥얼댄다.

6월의 넝쿨 장미처럼 흐드러지게 피어나지는 못해도, 10월의 맨드라미처럼 그렇게 우리는 살아간다. 한여름의 장미는 물론 아름답고 부러운 존재다. 그러나 내가 그를 좋아하는 것은 그가 맨드라미 같아서다. 아침에 일어나 부대끼며 직장을 나가고, 하루 종일 서류에 묻혀 있다가 퇴근길에는 왠지 허전한 가슴을 부여잡고 집으로 돌아오는, 이 사회를 살아가는 중년 남자로서 느끼는 고독과 아픔을 왠지 그에게만큼은 솔직하게 말할 수 있을 것 같다.

"뭐, 요즘 어떠냐?"

"다 그렇지, 뭐. 몰라서 물어?"

짧은 대화만으로도 이 친구와의 자리는 충분히 즐겁다. 술잔 기울이는 내내 떠들고도 자리를 마칠 때가 되면 미처 못다한 이야기가 남는다. 그러나 아쉬움은 없다. 그냥 마음 한구석에 잘 쌓아 두었다가 나중에 보자기처럼 풀어 봐도 상관없고, 때 되면 또다시 얼굴을 마주 대고 한 주바리 풀어 놓을 수도 있다.

마음 편안한 관계란 사실 별다른 게 아니다. 어느 정도 이 세상을 견뎌온 사람들끼리는 대강 봐도 서로의 인생 밑천을 송두리째 들여다 볼 수 있다. 어떻게 보면 씁쓸하면서도 편하다. 구구절절 사연을 얘기하지 않아도, 서로가 지그시 눈 감고 듣기만 해도 알 건 다 안다. 그거면 됐다. 우리는 친구 아닌가. 굳이 길게 말할 필요도, 댓글 달듯 맞장구를 쳐 주지 않아도 괜찮다. 옛날처럼 호기 부려 서로의 잔에 들이붓는 대신, 이제 적당히 알아서 마시겠거니 천천히 잔을 채워 주고, 흥얼거리며 살면 되는 거 아닌가. 빡빡한 세상에 나나 이 친구나 이 정도면 된 거다. 그렇다. 이 정도면 우리 관계, 정말로 됐다는 생각이다.

그와 만날 때면 가끔 풀리지 않는 경이로운 비밀을 보는 것 같다. 이 대한민국이라는 땅덩이에서 나와 비슷한 나이, 비슷한 환경에서 살며 같은 고민을 품고 있는 중년의 사내. 바로 이것이 이 친구의 이름이다. 그리고 이런 우리들이 나누는 대화라는 건 신기하기 그지없다. 말이라는 게 '아' 다르고 '어' 다르다지만, 가끔은 침묵만으로도 모든 것을 이야기할 수 있다. 그저 젓가락 달가닥대는 소리, 술잔을 만지는 투박한 손가락 끝, 가끔 멍하니 창밖을 응시하는 시선만으로도 우리는, 서로가 이 순간 같은 생각을 하고 있다는 것을 깨닫고 놀란다. 실로 대단하다. 동질감이란 것 말이다.

이 친구를 만날 때면 굳이 비평가가 될 필요도, "힘내라, 힘내!" 하고 외치는 응원단장이 될 필요도 없다. 그 역시 때로는 살면서 많은 이들이 겪는 우울한 한탄들을 내뱉곤 하지만, 그럴 때도 그저 입 꾹 다물고 들어 주면 된다. 귀를 여는 것만으로도 그의 울적한 기분을 풀어 줄 수 있고, 그에게 한층 더 가까이 다가갈 수 있기 때문이다. 그런 의미에서 이 친구와 나는 정이 통하고 마음이 통하는 게 틀림없다.

최고의 만남이란 마음과 마음끼리의 만남이다. 또 그런 만남은 우리 생활에서 중요한 부분이다. 그리고 내 생각에 술자리에서 이 정도 마음을 나눌 수 있다면 결코 예사 친구는 아니다. 물론 우리 사이에도 준비 운동과 예의는 있다. 처음에는 인사처럼 후덥지근한 회사 얘기를 꺼낸다. 하지만 그건 서로의 근황을 넌지시 물어보는 것에 불과하다. 그렇게 술 한 잔이 두 잔 되고, 두 잔이 석 잔 되면 그때부터는 기다렸다는 듯이 두 사람 모두 인생의 실타래를 풀기 시작한다. 가만 보니 그 역시 지치긴 지친 모양이다.

"근데 말이지. 김광석이 노래는 인생을 좀 알고 부르는 것 같단 말이야. 왜 있지? '또 하루 멀어져 간다. 내 꿈은 담배 연기처럼, 작기만 한 내 기억 속에 무얼 찾아 살고 있는지……' 뭐, 그 노래 들으면 자꾸 옛날 생각이 나고 말이야. 가슴이 먹먹하고 그래……."

나이 사십이 넘어가면서 그 동안 무엇을 찾으면서 살아왔는지를 알 수 없게 되어 버렸다는 이 친구는, 가끔 인생이 먼 모래 언덕 너머 신기루처럼 느껴진다고 한다. 그 말을 듣고 처음에는 울적한 기분이더니 이내 머릿속에 생각 하나가 스쳤다.

신기루, 그래! 어떻게 보면 우리 인생은 끊임없이 무언가를 찾아 나서는 과정이다. 그게 신기루든 실제로 존재하는 것이든, 아니면 인생 자체가 신기루에 불과한 것이든, 어쨌든 누구나 그 한 길을 열심히 내달리며 살아간다.

물론 나는 그의 호기가 단순히 술에 취해서가 아니라 오늘쯤 적어도 나에게 그저 조금 흐트러진 모습으로 투정을 부리고 싶어서라는 것을 안다. 그래, 가끔씩은 넥타이도 풀어헤치고 비틀대도 상관없다. 사실 이 세상살이라는 건 때로는 심지 없는 연체동물처럼 흐느적거리기도 해야 하는 거다. 그게 오히려 슬기로운 거다.

"너무 가슴 아픈 척하지 마, 임마. 내일 아침이면 쌩쌩 날아다닐 거 내 모를 줄 알고. 너나 나나 안 달리면 어쩔 건데?"

그렇게 해가 뉘엿뉘엿 지고 깊은 밤이 찾아오면 친구와의 자리도 마감된다. 불빛 번쩍이는 거리에 택시가 스르르 다가와 멈추고, 나는 택시 문을 열어 친구를 앉히고 택시 꽁무니가 보이지 않을 때까지 손을 흔들어 준 다음에야 집으로 돌아온다.

그는 힘들 때면 내게 전화를 걸어 약속을 잡는다. 그것은 나도 마찬가지다. 그는 내 손을 잡고 위로해 주는 단짝이다. 정말이지 더없는 행운이다. 그는 내 가족도 형제도 아니다. 그야말로 피 한 방울 섞이지 않은 사람이건만, 지금 이 순간 나는 그가 이 세상 누구 못지않게 소중하다고 감히 말할 수 있다. 타인이었던 그를 만나, 인연을 맺어도 제법 두텁게 맺은 것이다. 그래서 가끔은 수화기를 만지작거리다가 불현듯 그를 호출해 내는지도 모르겠다.

"좋은 술 있으니까, 저녁 때 좀 나와라. 한번 호탕해져 보자."

술집이든, 식당이든, 길거리 모퉁이에서든, 우리는 언제나 함께 있을 것이다. 물론 옆구리에는 술 한 병 끼고 말이다. 사실 나 역시 젊었을 때는 술 취한 어르신들을 보며 고개를 갸웃했듯이, 이런 우리 모습이 누군가에게는 다소 청승맞아 보일지도 모른다. 하지만 이 세상에 술이 있다는 것은 얼마나 다행스러운 일인가. 아니다. 사실은 술이 아니다. 그저 늙어 죽을 때까지 술잔을 함께 기울일 상대가 있다는 것, 그것이야말로 행운일지 모른다.

　따뜻한 그때 그 술집에서 파도를 타듯 침묵과 총알 같은 대화를 나누고 난 뒤, 택시를 타고 멀어지는 친구를 보면서 나는 또 싱긋 미소를 짓고 만다. '그래, 자네를 만난 건 정말 행운이야, 자네가 그렇게 생각하든, 하지 않든 말이야.' 하고.

일상의 평화, 내 오랜 친구

여름휴가로 제주도를 찾았다. 눈앞에서 펼쳐진 바다는 저 멀리 남태평양 쪽으로 뻗어 있었다. 끝없이 넓고, 한낮의 햇빛 속에서 코발트빛과 에메랄드빛으로 어우러져 빛나는 바다는 그야말로 장관이었다. 바닷가에서 아이들이 노는 것을 바라보며 햇살 아래 한껏 드러누워 있다가 파라솔 안으로 기어 들어와 시원한 음료수를 마셨다.

'이럴 땐 마티니나 키스 오브 파이어 같은 칵테일도 제격일 텐데……'

쓸데 없는 생각까지 드는 한가롭고, 평화롭기 그지없는 시간이었다. 정말 얼마만의 휴가인가? 나는 아내가 눈을 감고 잠든 것을 바라보며 휴대폰을 꺼내 꾹꾹 버튼을 눌러댔다. 서울의 친구에게 장난을 좀 치고 싶었던 모양이다. 나는 "여보세요." 소리가 들리자마자 다짜고짜 호기를 부려댔다.

"제주도다. 와, 정말 죽인다!"
"뭐라고? 누굴 약 올리냐?"

대뜸 저 너머에서 불평이 터져 나왔다.

"약 올린다고? 자식! 그래, 우린 돈 없어서 동남아도 못가고 제주도에 와 있다. 너는 이 땡볕 더위에 휴가도 안 가고 자루에 돈을 쓸어 담고 있잖아?"

"하하……. 그래, 즐겨라. 움직일 수 있을 때 실컷 놀아야지."

친구는 무더운 서울 한복판에서 수출이다 뭐다 해서 돈 벌기에 여념 없었다. 기껏 안부 전화를 걸었더니 언구럭만 떤다. '돈 맛을 아는 놈이 돈도 버는 거지……. 나처럼 월급쟁이야 상상이나 하겠나?' 하는 생각이 들었지만 일부러 친구 놈 약을 잔뜩 올려놓고는 전화를 끊었다.

그런데 전화를 끊고 나니 갑자기 멋쩍다는 생각이 들었다. 이 좋은 바닷가에 앉아 서울에 있는 누군가를 생각하고 있다니?

좋은 풍경 혼자 보기가 아까웠던 모양이다. 도대체 무슨 인연을 맺었기에 휴대폰을 장만해 제일 먼저 그 친구의 전화번호를 저장해 놓고 수시로 눌러대고 있는가. 맛있는 음식을 먹을 때, 좋은 걸 봤을 때, 즐거운 일이 있을 때 왜 나는 그를 생각하는 걸까. 왜 지금 이 순간까지도 저 너머에서 바쁘게 살아가고 있는 그에게 휴가 이야기, 사는 얘기를 줄곧 해대고 있는 걸까. 문득 그와 처음 인연을 맺던 시절이 아련하게 떠올랐다.

내가 대학을 다닐 때는 공중전화가 유일한 연락 수단이었다. 그래서 툭 하면 공중전화 박스에 처박혀 그의 집에 전화를 걸어 그를 불러내곤 했다. 최루탄이 뿌옇게 날리는 길거리에서 시위가 끝나면 어디 어디 막걸리 집에서 보자며 전화를 걸었고, 먼저 군대를 갔을 때는 외박을 나와 전화를 걸었다.

"야, 임마! 잘 지내냐? 나는 전방에서 뺑이 치는데……. 야, 민간인이 한 잔 사라!"

서로 열심히 도닥이고 비벼대면서 손때 같은 정이 많이 들었다. 바로 그 때문에 이 친구와의 인연이 지금까지도 이어지고 있는지 모른다. 그랬다. 돌이켜 보면 참 많이도 어울렸다.

생각해 보면 기이한 일이다. 대체 친구라는 게 뭐기에 이 먼 바닷가에 와서도 회사 일처럼 잊지 못하고 떠올리는 걸까. 친구라는 건 그처럼 익숙한, 아니 뼛속까지 밴 습관 같은 것인지도 모르겠다. 부부가 같이 와서도 친구 놈이 생각나다니 참으로 알 수 없는 노릇이었다. 혹시 이게 범상치 않은 커밍아웃은 아닐까, 혼자 생각하다가 낄낄 웃고 말았다.

사실은 별 것 없었다. 저녁 무렵 해지는 바다를 바라보며 그와 자리 물회 한 접시에 소주 한 잔 꺾고 싶었던 모양이다. 마누라도 좋지만 척척 죽이 맞는 친구 녀석들을 한둘은 꿰차고 있어야 외롭지 않았다. 그마저도 없다면 살아가는 일 자체가 너무 심심하지 않은가 말이다.

생각해 보면 녀석과는 정말이지 끈질긴 인연이었다. 다들 만났다가 헤어지고, 만났다가 헤어지고……. 아무리 친했어도 사회라는 포구 앞에서는 달랐다. 마치 바다로 빨려 들어가는 거북 새끼처럼 겁 없이 넓은 세상을 나가 연락이 끊긴 친구들이 하나 둘이 아니었다. 정말이지 잊혀지거나 지워졌거나, 누가 먼저였든 그렇게 수많은 이름들이 내 기억 속에서 사라졌다.

그런데도 아직도 나는, 그와 함께 있다.

젊은 시절 부풀어 오를 대로 부풀어 오른 욕망만 가슴 속에 가득 찼던 시절, 한때는 그와 불같은 경쟁을 벌이기도 했다. 만나면 번쩍번쩍 스파크가 튀었다. 하지만 지금은 다르다. 누구나 그렇겠지만 인생이 자연스레 바람처럼 방향을 바꿨던 어느 한 순간, 쓸쓸한 저녁 무렵이면 그런 생각이 들었다.

평생 편하게 만날 수 있는 사람이 한둘은 있어야 하지 않겠는가, 하고 말이다. 그래야 이 세상 하직하고 눈 감을 때 조금은 덜 슬플 것 같았다. 고만 고만한 자랑거리를 내보이고, 질투하고, 시기하다가는 친구는 고사하고 인생의 가치마저 잃게 될 것 같았다.

살아가다 보면 때때로 아무 긴장감 없이 만날 친구가 필요해진다. 주말에 아이들 야구 시합이 있을 때 같이 가자고 얘기할 수 있는 친구가 있다면 얼마나 좋을까. 가볍게 동네 산책이라도 하면서 살아가는 얘기를 나눠도 지루하지 않은 친구. 빨래를 개거나 식기 세척기를 돌리며 전화로 이것저것 얘기를 나눌 수 있는 친구. 얼마나 좋은 인연들인가.

언뜻 보기에는 별 것 아닌 이 평화야말로 바로 친구가 주는 행복인지 모른다. 세상 모든 일들처럼 마음의 평화 또한 대가를 치러야 얻을 수 있는 것이다. 게다가 지금처럼 개인주의가 깊이 뿌리박힌 시대에는 이런 공감 지대가 더더욱 필요할지도 모른다. 그리고 우리가 문득 문득 이런 친구들을 그리워하고 있다는 건 바로 우리가 이 세상을 홀로 살고 있지 않다는 것을 반증하는 것이다. 적어도 나는 혼자 이런 인생을 사는 것은 아니라는 걸 깨우쳐 주는 친구가 하나쯤 있다면, 이미 그 자체로 그 삶은 성공한 것일지도 모른다.

그런 생각을 하면서 나는 나도 모르게 휴대전화 버튼을 다시 만지작거리고 있었다. 사실은 이 바닷가에서 이런 생각을 했노라고 말해주고 싶어서였다. 하지만 그러다가 결국 휴대전화를 다시 내려놓고 말았다. 이런 이야기쯤 돌아가서 얼마든지 할 수 있었다. 어차피 우리는 한 곳에 발 딛고 함께 살아가는 사람들이 아닌가. 나는 다시 길게 누워 눈을 감았다.

바다는 마냥 푸르고, 하늘은 수평선에서 바다와 만난다. 그리고 나는 흘러가는 구름 아래 누워 있다.

친구의 인생에 비가 내렸다

"어쩌다가 흠뻑 젖은 셈이지. 내 인생에 비가 내리는 줄도 모르고 살아온 거야. 어쩌면 스스로를 유기하고 장님처럼 살아왔는지도 몰라. 요즘은 통 의욕이 생기지 않아. 이렇게 무감각한 삶이라니. 아침에 일어나면 습관처럼 회사에 가고, 너무 뻔한 일로 핏대를 세우고, 그러다가 집에 돌아올 때쯤 되면 정말이지 표현할 수 없을 정도로 불안하고 흔들려. 사는 게 극도로 피곤한 거지. 아주 오래 전에 정말 '나'라는 존재는 닳고 닳아서 사라져 버린 것 같아. 매일 쓰는 세수비누처럼 하루하루 녹아서 흔적도 없어져 버린 거지. 아무 의미 없이 지워져 버리는 그런 존재가 된 거겠지……."

친구의 한마디를 들은 그날, 불현듯 가슴이 먹먹해졌다. 집에 돌아와서도 그의 말이 자꾸 떠올랐고, 결국은 걱정되어 잠을 이룰 수 없었다. 그는 제법 커다란 평수의 아파트에서 식구들과 오순도순 살고 있는, 탄탄한 대기업인 회사에서 사십대 초반에 임원 훈장까지 달은 친구였다. 소위 누구보다도 '잘나가고 있다'고 생각했던 그 친구가 이렇게 어이없이 무너질 것이라고 누가 상상이나 했겠는가. 얼마 전까지만 해도 이 친구는 세상 전부를 얻은 것처럼 자신만만했다. 그랬던 그에게 과연 무슨 일이 일어난 걸까?

결국 나는 이부자리를 박차고 일어나 서가에 꽂혀 있는 심리학책을 뒤지기 시작했다. 한 권, 두 권……. 잠옷 바람의 내 곁에는 몇 권의 먼지 묻은 책들이 쌓여 갔다. 자꾸 코 밑으로 처지는 안경을 고쳐 쓰며 몇 권 째인가 뒤적이다가 드디어 찾던 내용을 발견했다.

그랬다. 친구는 분명 병을 앓고 있었다. 중년에 접어들면서 많은 이들이 겪게 되는 정신적 불안의 일종으로, 책에는 '러스트 아웃Rust out 증후군'이라고 적혀 있었다. 러스트 아웃 증후군은 기계가 녹슬 듯 마음이 녹스는 병이라고 했다.

정말이지 그는 힘도 좋고, 건강했고, 늘 의욕에 넘치는 사람이었다. 누구보다도 이 세상을 당차게 살아왔고 제법 운도 좋았고, 우울한 기색이라고는 눈을 씻고도 찾아볼 수 없을 정도로 활기찼다. 오히려 무쇠처럼 너무 단단해서 전혀 걱정하지 않아도 될 것처럼 느껴지는 그런 사람이었다.

가장 정상적이고, 가장 열심히 살았고, 누구에게나 본보기가 되는 사람, 바로 이것이 그 친구의 이미지였는데 그런 그가 정신과 치료를 받아야 한다니……. 나는 맥이 쭉 빠지는 기분이었다. 아니 절망적이었다. 나는 도무지 이 상황을 이해할 수 없었다. 평소 골골 앓던 친구라면 그럴 만도 하겠건만, 하필 그러니!

결국 나는 그에게 정신과 치료를 권유했고, 그는 고심 끝에 이를 받아들였다. 얼마 뒤 나는 그가 찾은 정신과 의사를 만났고, 의사는 나에게 상담 내역을 대략 설명해 주었다.

"누가 봐도 정상인 사람이 오히려 문제를 가지고 있는 경우가 있습니다. 마음의 일은 누구도 장담하기 어렵기 때문이죠. 마음 속에 자기도 모르는 병이 자라고 있었던 겁니다. 그리고 이런 정신 상태는 무기력과 우울증과 피로를 몰고 옵니다. 기본적으로 사람은 약한 존재죠. 강해 보이는 건 겉모습뿐입니다. 속으로는 다들 곪아가고 있지요. 특히나 이런 과도한 경쟁 사회에서는 말입니다."

의사의 얘기에 나는 아연실색할 수밖에 없었다. 무언가가 서서히 젖어들듯 영혼과 마음을 좀 먹고 활력을 둔화시킨다? 물론 그럴 수도 있겠지만, 그 친구에게 이런 병이 있으리라고는 상상도 못했다. 나는 잠시 침묵을 지켰다. 무엇보다도 손쓰기에 이미 늦었을지도 모른다는 의사의 한마디가 가슴을 더욱 철렁하게 만들었다. 유일한 해결책은 그 스스로가 그런 상태에서 벗어나려고 노력하는 것뿐이라고 했다. 또한 자신은 물론, 가족과 친구들의 도움도 절대적으로 필요하다고 했다.

어느 날, 퇴근길에 그 친구를 붙잡아 두고 위로랍시고 말을 꺼냈다.

"네가 이렇게 흔들리면 되겠냐. 부디 기운을 내라. 아직 팔팔한 나이에 왜 이렇게 의기소침해졌냐……."

찻잔이 식을 때까지 혼자서 쉴 새 없이 떠들어 댔지만, 나는 내가 하는 말이 그에게 전혀 위안이 되지 않는다는 걸 알았다. 그의 표정에는 몇 십 년간의 피로가 무겁게 쌓여 있었다. 세상에 치이고, 사람에 치이고, 자신의 기대에 치인 보잘 것 없는 사내……. 그게 그렇게 잘나가던 친구의 모습이었다.

"나는 지쳤어. 삶이 아무 의미가 없어. 더 살면 뭐가 더 있는데?"

무엇이 이 친구를 이렇게 만들었을까? 나는 할 말을 잃고 말았다.

그렇게 그와 헤어지고 난 뒤 몇 달 후, 나는 친구가 회사를 그만 두고 낙향했다는 소식을 들었다. 그리고 한참 뒤에야 그를 찾아 다시 만났다. 충남의 고향에 안착한 그는, 오히려 한결 편안해 보였다. 친구는 이렇게 말을 시작했다.

"여기는 경쟁 같은 게 없어서 좋아."

그 한마디로, 나는 그가 사회적 성공의 가도에서 왜 스스로 물러났는지를 짐작할 수 있었다.

"여기는 주변이 모두 자연이야. 그래서 자연이 주는 대로 받으며 살아가면 된다. 그리고 이웃들하고도 크게 부대낄 일도 없고, 마음 상할 일도 없고……. 여기선 나보고 '배운 사람'이란다. 나처럼 주제도 모르는 놈을……. 정말 우습지?"

아이들과 부인을 서울에 남겨 놓고 홀로 시골에 내려와 지내는 그를, 집에서는 '요양중' 이라 말하고 있었다. 아이까지 시골로 끌고 내려오면 교육이니 뭐니 다 망친다며, 떨어져 살아도 그렇게는 못하겠다고 아내가 결사반대하더란다. 게다가 친구의 아내는 남편의 좌절을 인정하려 들지 않았다. 아내는 언제부터 당신이 이렇게 약한 사람이었느냐고 울먹이며 가슴을 쳤다고 한다. 그래서 친구는 혼자 내려올 수밖에 없었다.

"집사람은 너무 똑똑해. 그렇게 애들 잘 키워 뭘 하려는지 몰라. 나는 그냥 이렇게 순응하며 살고 싶은데 아내는 매일 싸우듯 사는 걸 좋아하거든. 남들의 인정을 받는 게 왜 그렇게 중요한 건지 모르겠어."

친구는 남들 눈에는 지금 자기 모습이 패배자의 모습으로 비칠지라도 이제는 그런 무의미한 경쟁이 만들어 낸 인정이나 평가 따위에는 관심 없다고 했다. 그의 삶은 그야말로 단순해져 있었다. 정말 너무 단순해 깨끗하게 그어진 하나의 선을 보고 있는 것 같았다. 더 이상 그는 우리처럼 삶을 치렁치렁 치장하고 복잡하게 만들면서 스스로를 혼란에 빠뜨릴 이유가 없었다.

나는 한여름 햇살이 내리쬐는 시골 원두막에서 수박 한 통을 쪼개 놓고 앉아 묵묵히 그의 이야기를 들었다. 그랬다. 내가 미처 몰랐던 것을 그는 먼저 깨달은 것이다. 더 이상 어떤 설명도 필요 없었다.

"제길, 팔자 좋은 놈……."

서울로 올라오는 차에서 그런 혼잣말을 한 것은 왜일까? 나는 맥주에 오징어를 씹으며 끝없이 펼쳐지는 논밭을 바라보다가 다시 한 번 우물거렸다.

"팔자 좋은 놈."

모르긴 몰라도 아마도 그 순간 나는 마음 속 깊이에서 그가 부러웠고, 나도 그처럼 조금은 외롭지만 팔자 좋은 놈이 되고 싶었는지도 모르겠다.

함께 늙어 간다는 것

　내가 어렸을 때는 요즘하고 다르게 형제 관계에서 위아래가 지나칠 정도로 분명했다. 형에게 대꾸를 하거나 덤비는 것은 물론, 심지어 "형!" 하고 말을 놓는 것조차 상상할 수 없었다.
　한편 이처럼 형과의 사이에 생기는 긴장감이 상대적으로 컸던 만큼 누나들에게서는 편안함과 안정감을 느낄 수 있었다. 암묵적으로 누나들은 부드러운 면을 가진 여자니까 어리고 약한 나를 보호해 줄 것이라는 생각 때문이었거나, 누나들이 알아서 내게 모성애적 사랑을 쏟아부어 주었기 때문이다.
　그런데 지금 와서 생각해 보면, 형제들 사이의 확고했던 이 같은 서열 의식도, 나이가 들고 결혼해 각자의 길을 걸어가게 되면서부터는 훨씬 덜해졌다. 독립적인 삶을 살아가면서 형제들 간의 관계도 좀 더 평등하게 발전하기 시작한 것이다. 손위 형제들이 예전처럼 그렇게 어렵게 느껴지지도 않고, 지나치게 과묵하게 굴어 늘 화난 것처럼 보이던 형들에 대해서도 사실은 그게 본디 성격이었다는 것을 깨닫게 된다. 또한 지난하고 지난한 삶이 우리를 어른으로 키워내서 그런지 예전처럼 불만을 가지거나 티격태격하지 않는다. 아무리 부딪쳐도 산다는 게 다 그런 거 아닌가, 하는 생각이 들고. 그러면 무엇이 옳고 그르다고 바득 바득 우길 필요도 없어진다. 우리 삶이란 사실, 수긍하면 되는 게 대부분이고, 그것이 반드시 타협이나 굴종을 의미하는 것도 아니다.

그렇다. 무엇이 옳고 그른가의 문제보다는, 어떻게 살 것인가 하는 방향이 더 중요하다. 나이가 들면서 삶이 진행되는 방향에 좀 더 집중하게 되는 것도 그 때문이다. 세상과 부딪치며 겪은 경험이 작용한 결과라고나 할까.

어쨌든 이 길고 긴 인생의 터널을 지나오면서, 나는 형제들 사이에도 혈육 간의 정을 넘어선 우정의 감정이 생길 수 있다는 것을 깨달았다. 피를 통해 형성된 정과는 사뭇 다른 감정 말이다.

어렸을 때 큰형은 내게 두렵고 두려운 존재였다. 작은 실수를 저지르고도 형에게 혼날까 봐 어쩔 줄 몰라 했던 적이 한두 번이 아니었다. 하지만 얼마 전, 나는 그토록 높고 멀게 느껴졌던 형 또한 금방 무너질 듯한 약한 면을 지니고 있다는 것을 알게 되었다.

그 무렵 형은 어려운 상황에 놓여 있었고, 이제 오십 줄에 들어서는 그 모습은 나와 더불어 동시대를 살아가는 평범한 중년 남자의 애처로운 모습과 다를 바가 없었다. 형을 바라보면 왠지 모를 측은지심까지 일었다. 그러자 가슴 속에 알 수 없는 감정이 한 줄기 바람처럼 스치고 지나갔다. 그때 나는 그것이 비슷한 또래끼리 느끼는 우정이나 의리 같은 것은 아닐까 생각했다.

한번은 큰형이 나를 '자네'라고 부르며 말을 건넨 적이 있었다. 예전에는 결코 들어 본 적 없는 호칭이었다. 형은 나를 부를 때면 이름을 부르거나 어깨를 툭 치거나 누구 애비라고 부르곤 했는데, 그때의 느낌과는 사뭇 달랐다. 아마 내가 머리가 굵고 나이가 들자, 형도 이제는 나를 손아래 동생으로서만이 아니라 사회적 관계 속에서 인식하기 시작한 모양이었다. 나보다 세상을 더 겪어온 형은 이제 동생을 예전과는 다른 모습으로 받아들이려 노력하고 있었던 것이다.

나는 그 일이 있은 뒤로 형에게 형제 간의 우애와는 조금은 다른 감정을 가지게 되었다. 그런 마음이 들 때면 형의 어깨도 예전처럼 다부지거나 넓게 느껴지지 않았고, 가끔은 그 뒷모습에서 원만하고 순리대로 살아가고 싶어하는 한 중년 남자의 의지를 읽을 수 있었다. 또한 형이 나를 사회를 이끌어가는 당당한 일원으로 받아들였음을 깨달았고, 형의 그런 태도에서 스스로의 모습을 돌아보기도 했다.

엄밀히 말해 혈연 관계에 있는 사람들과 멋진 우정을 나눌 수 있게 되었다는 것은, 좀 더 성숙해졌다는 것을 뜻하는지도 모른다. 그간 나는 우정이란 친구 사이에만 존재한다고 생각해 왔지만 그런 생각도 새로운 궤도를 찾게 되었다. 형에게 그 같은 감정을 느낀 뒤부터 가족 간의 우정이 그 관계를 더 공고히 해 줄 수 있음을 깨달은 것이다.

사람은 누구나 주어진 환경 내에서 생각하고 행동하려는 경향이 있다. 그러나 가끔 그 환경의 변화가 새로운 인식의 기회를 몰고 오기도 한다. 같은 맥락에서 나를 '자네'라고 불러 준 형에게 느꼈던 내 우정은, 내가 이미 적지 않은 나이를 먹었으며 이제는 그에 걸맞은 사고와 행동을 해야 한다는 것을 상기시켜 주고 있었다. 또 그런 호칭으로 불리고 나니, 왠지 가족들 사이에서도 당당히 어른으로 자리 잡았다는 생각이 들었다. 언뜻 보면 단순한 호칭의 변화였지만, 그것은 조금씩 발전하고 있는 우리 가족 관계와 그 사이에 깊어지는 감정의 교류를 의미하는 것이기도 했다. 그것만으로도 내게 형이 불러 준 '자네'라는 호칭은 충분한 의미가 있었다.

'형제들 간에도 우정을 느낄 수 있는 거구나!'

어느 날 문득 이런 생각이 떠올랐다면, 당신도 이제 한층 어른스럽고 성숙해진 것일 테다.

그렇다. 대한민국이라는 같은 세계 속에서 함께 살아가고 있는 형과 나……. 이제 그 사이에 농도 짙은 우정이 싹트지 말란 법도 없지 않은가?

묵은 된장 같은 오랜 친구

　어느덧 기차가 내가 서 있는 시골의 작은 역을 향해 달려오고 있었다. 당시 나는 이십 년 전 고향을 떠났던 친구가 돌아온다는 소식에 가슴 설레며 마중을 나와 있었다. 그 친구는 오래 전 도시로 나가 성실하게 일해 돈을 모으고, 결혼도 하고, 탐스러운 과일 같은 아이들도 주렁주렁 낳았다. 누가 보기에도 그 정도면 성공한 인생이었다.
　열차가 멈추어 서자 웬 중년의 사내가 내려섰다. 나는 첫눈에 그가 열다섯 살 때 내 친구라는 것을 알 수 있었다. 달라진 것이라고는 그 시절 곰배무늬 바지 대신 양복을 입고 외투를 걸쳤다는 것뿐이었다.
　나는 친구에게 달려가 반가운 마음에 덥석 그 어깨를 끌어안았다.

그러고는 힘을 주어 손을 잡았다. 그런데 이게 웬일인가? 막상 친구는 내 요란한 환영 인사에도 불구하고 선뜻 손을 펴 악수하기를 주저했다. 나는 멋쩍은 분위기를 만회하려고 허풍을 떨며 말했다.

"이봐, 악수나 한 번 하자고!"

그러자 그가 마지못해 손을 내밀었다. 그 손을 쥐는 순간, 나는 아차 싶었다. 그때서야 나는 그가 왜 손 내밀기를 주춤했는지 깨달았다. 내 손 안에 쥐어진 친구의 손은 허전했다. 손가락이 세 개나 잘려나가 있었다. 친구는 멋쩍은 듯 웃으며 말했다.

"사고가 났어. 전기톱이 긁고 지나갔지. 십 년도 넘게 지난 일이야."

얼굴에 문득 그림자가 스쳐지나가는 것 같았지만, 친구는 애써 웃어 보였다. 상경한 뒤 어느 공장에서 일을 하다가 손가락을 잃었다고 했다. 친구는 그렇게 잃어버린 손가락이 부끄러워 악수를 주저한 것이다.

"뭘 그러나? 그럴 수도 있지. 그만하니 다행인 걸. 가만 보니 자네, 이 고장에서 몇 안 되는 성공한 친구 아닌가?"

나는 그를 근처 식당으로 데리고 갔다. 그런데 식당으로 가는 길에 또다시 그에게서 낯선 모습을 발견했다. 걸어가다 보니 친구는 약간 다리를 절고 있었다. 일부러 그런 것은 아닌데, 갑자기 말문이 턱 막혔다. 내 마음을 눈치 챘는지 친구는 다시 미소를 지으며 말했다.

"그러다가 또 교통사고까지 나지 않았겠나? 서울이라는 데가 그렇더군……."

그는 말끝을 흐리며 자리에 앉아 서둘러 술을 주문했다. 내가 먼저 물었다.

"그래, 다들 무고하시고?"

"큰 애는 대학을 갔지. 기숙사에 있어서 요즘엔 찾아오지도 않아. 제 에미 죽은 후로는."

"그렇게 됐군."

그렇게 몇 순배 잔이 돌았을까. 그가 갑자기 가슴팍 주머니에 손을 넣더니 사진 한 장을 꺼내어 보여 주었다. 거기에는 놀랍게도 동남아 계통의 혼혈아로 보이는 어린 여자아이가 방긋 웃고 있었다.

"내가 얘기했던가, 재혼했다고? 전처는 몇 해 전 죽었지. 큰 애는 그래서인지 학교 간 뒤로는 찾아오지도 않는다네. 내 재혼이 못마땅했나 봐. 그렇지만 말일세……. 어디 이 나이에 한국 여자랑은 언감생심 결혼 생각을 할 수 있었겠나?"

친구는 어느새 눈시울이 붉어지고 있었다.

"돌이켜 보면 참 그렇네. 없이 사는 게 서러워서 서울로 갔고, 열심히 일해서 재산도 조금 모았는데……. 이상하지? 살면 살수록 계속 무너지고 있는 느낌이야. 뭔가가 나한테서 자꾸 떨어져 나가는 기분이 드는 게 말이지……. 자네를 찾아 온 것도 죽기 전에 천진무구했던 시절로 한번 돌아가 보고 싶어서였어."

우리는 무겁게 가라앉은 분위기를 수습하기 위해 잠시 옛 이야기를 꺼냈다. 분위기는 얼마 안 가 화기애애해졌다. 우리는 어느새 어린 시절로 돌아가 개울가에서 물장구치던 일, 수박 서리에 된통 혼쭐 빠져 달아나던 이야기 등을 주고받으며 박장대소했다.

"사는 게 별 거 아니야. 사실 나 말일세, 여기 온 이유가 따로 있어. 나, 아무래도 오래 못 살 것 같네. 다들 걸리는 병이지만서도…… 암이라고 하더군. 그런데 억울하다는 생각이 들었어. 이렇게 악착같이 살았는데 암이라니……. 나 죽으면 젊은 마누라하고 철모르는 애한테 죄 짓는 것 같아서 미안할 뿐이야. 어쩌면 좋을지 고민하다 보니 이상하게도 고향 생각이 났어."

나는 말없이 술잔을 꽉 움켜쥐었다. 가슴이 철렁 내려앉는 느낌이었지만 얼굴에 드러내지는 않았다. 어쨌든 이 상황을 수습해야 한다는 생각만 머릿속에 맴돌았다.

"이 사람아, 왜 이렇게 나약하게 굴어? 병이야 고치면 되지. 자네나 나나 아직 젊잖아?"

말은 그렇게 했지만 마음 속으로는 아무래도 마지막 인사를 하러 왔구나 하는 불길한 느낌을 지울 수 없었다. 게다가 너무 갑작스러운 이야기라 뭐라 대꾸해야 할지, 무슨 위로의 말을 해야 할지 아무것도 떠오르지 않았다.

결국 그날 밤, 우리는 꼬박 밤을 새워 얘기를 나누었다. 그렇게 새벽이 밝아올 무렵, 나는 우리 집에 가서 눈도 붙이고 해장도 하자며 친구의 손을 잡아 끌었다. 하지만 그는 고개를 저였다. 왕복 열차표를 끊어 놓았고, 승차 시간도 다 되었다는 것이다. 사실 그로서는 어릴 적 친구인 나를 만나는 것 외에 더 이상 볼 일이 없는 듯했다.

결국 나는 마지못해 친구를 놓아 주었다. 그는 어두운 빛깔의 외투를 걸쳐 입고 열차 위에 올라섰다. 그러고는 짧게 손을 흔들며 웃었다. 잠시 후 기차가 희뿌연 안개를 뚫고 사라지는 것을 지켜보면서, 나도 모르게 입술을 깨물었다. 안타까운 마음과 더불어 그나마 오늘 그를 볼 수 있어서 다행이라고 생각했다.

'그렇구나. 누구나 세상을 떠날 때가 되면 의지할 사람이 필요한 거구나. 저렇게 정리하고 싶어지는 거로구나…….'

갑자기 눈시울이 붉어졌다. 아까 나는 그가 화장실에 간 사이 그의 가방에 얼마간의 여비와 메모 한 장을 집어넣었다. 서울에 도착할 쯤이면 그도 그것을 발견하게 될 것이다.

'여름에 쏘가리 잡아 놓고 연락하겠네. 몸보신하러 냉큼 내려오게나.'

어쩌면 그는 영영 내려오지 못할지도 몰랐다. 나는 애써 슬픈 생각을 떨쳐 버리며 발걸음을 돌려 집으로 향했다. 인생의 끄트머리에 홀로 선 그에게 사실 해 줄 수 있는 말이 없었다. 하지만 나는 그 친구가 단 한가지는 기억해 주길 바랐다. 설령 천국에 먼저 가더라도 묵은 된장 같은 오랜 친구들을 잊지 말라고 말이다. 그리고 누가 먼저 찾든, 그곳에서 다시 만나자고 말이다.

그해 여름이 끝날 때까지 친구에게선 연락이 없었다.

그리고 가을쯤, 그의 부고를 받았다.

누가 내게 삶과 인생에 대해 묻거든
이렇게 대답하리라.
내 인생엔 바람만 불었으나
나는 늘 홀로인 나무는 아니었다고.

친구여, 용서를 빈다

한국전쟁이 발발하기 얼마 전 북쪽에 계시던 아버지는 일제 시대에 보통학교를 나왔다는 이유로 적잖은 핍박을 받으셨다고 한다.

어느 날, 아버지는 견디다 못해 친구를 찾아갔다. 함께 월남하자는 제안을 하기 위해서였다. 어려서부터 함께 자라온 불알친구니 믿어도 되겠구나 싶어 속 얘기를 꺼내 보기로 한 것이다. 그러나 친구는 아버지의 예상과는 전혀 달랐다. 버럭 화를 내더니, 다짜고짜 내무서에 보고를 하겠다고 으름장을 놓았다.

그날 아버지는 후에 닥칠 우환을 염려해, 그 자리에서 친구에게 부탁을 했다. 다시는 이런 일 없을 테니 오늘 얘기는 못 들은 것으로해 달라고 말이다. 하지만 그러고도 아버지는 당신 얘기가 다른 사람 귀에 들어가지나 않을까 밤잠을 못 이루셨고, 얼마 뒤 끝내 내무서로 잡혀 들어가 심한 고초를 겪으셨다. 아버지가 야음을 틈타 월남하신 것은 몇 개월 후였다.

이제는 고향에 못 돌아가는구나, 생각하셨다가 전쟁의 향방이 바뀌자 다시 고향 땅을 밟게 되었다. 그러나 그 무렵 세상은 완전히 뒤바뀌어 있었다. 예전에 아버지를 고발했던 그 친구는 어느덧 남쪽 진영 사람들에게 붙들려 장작으로 매를 맞고 있었다. 그 친구는 아버지를 보자 무릎을 꿇으며 사과를 구했다. 아버지의 바지자락을 붙잡고는 눈에 뭐가 씌워 보이는 게 없어서 그랬으니 용서해 달라는 것이었다. 결국 아버지는 주변 사람들에게 사정해 간신히 친구를 구했고, 그 후 다시는 예전 일을 입 밖으로 꺼내지 않으셨다.

종전이 다가올 무렵, 남과 북이 서로 밀고 당기는 통에 결국 그 친구는 야음을 틈 타 북으로 넘어갔다. 그리고 곧이어 휴전선이 그어졌다.

지금도 아버지는 도대체 사상이 뭐기에 친구를 원수로 만들고, 목숨 걸고 싸우게 만드는지 모르겠다며 혀를 차곤 하신다. 또 그때 그 친구는 지금 살아 있는지, 그때의 일을 기억이나 하는지 모르시겠다며 한숨을 쉬신다.

"그 친구가 살아 있다면 팔순이 넘었을 텐데……. 아마도 친구들을 많이 그리워했을 게다."

동족상잔의 비극 속에서, 아마 많은 이들이 아버지와 비슷한 경험을 했을 것이다. 작은 동네에서 함께 헤엄치고 뛰어놀며 자란 친구를 이념 때문에 영영 마주할 수 없게 된 그 기막힌 경험이 오직 내 아버지만의 몫이겠는가?

사실 나는 당신들 사이에 진정 이념이란 게 있기나 했는지 의문이다. 그저 남을 죽여야 내가 사는 끔찍한 전쟁이 두 사람을 그렇게 만든 건 아니었을까?

우리는 살아가면서 어느 길목에서는 친구를 만나고, 어느 모퉁이에서는 헤어진다. 어느 길이 만나고 헤어지는 장소인지는 누구도 알 수 없다. 그건 애초에 선택할 수 있는 문제가 아닐 때도 있다. 친구가 한순간에 적으로 바뀌기도 하고, 어쩔 수 없는 상황에 휩쓸려 눈물을 머금고 헤어지기도 한다.

그러나 그런 친구들이 더 오래 기억에 남는 것은 왜일까? 그토록 미워하고 실망했던 얼굴이 오랜 시간이 흘러도 남은 까닭은?

사실 생각해 보면 그렇다. 우리는 친구가 큰 고통을 안겨 주어도 대부분은 그를 용서하고 우호적으로 대하기까지 한다. 머릿속에서는 떠났지만 마음이 아직도 그를 친구로 받아들이고 있기 때문이다. 사실 이런 감정은 쉽게 해명될 수 없다. '관계' 라는 것은 그야말로 표현할 수 없는 공통의 무엇이 함께 하는 끈이기 때문이다. 둘만이 간직한 추억과 시간, 뭐 그런 것들 말이다.

그러나 또 한편, 친구에게 그렇게 관대할 수 있는 건, 헤어지고 난 뒤에도 그토록 그리워지는 건 근본적으로 친구가 주는 소중한 감정 때문이다. 사실 아무리 어릴 때부터 마음이 잘 맞았던 친구도 결국은 내 길을 끝까지 함께 가 줄 수 없다. 하지만 어쩔 수 없는 비극적인 이별 속에서도 서로에 대한 관용과 이해, 용서만 잃지 않는다면 그 두 사람은 서로에 대한 아름다운 추억을 영원히 간직할 수 있다. 즉 용서와 이해를 통해 서로를 가장 인간답게 만들어 주는 것이다.

 우리는 아무리 불가항력적인 상황에서도 자기 삶을 책임지고 또 그것을 타인과 나눠야 한다. 아버지 친구의 얘기를 들으면서 나는 관계가 지닌 무게를 다시 한 번 되새겨 보았다. 친구를 고발해야 했던 아버지 친구의 상황은 아무리 이해하려고 해도 씁쓸했다. 과연 그는 아버지를 고발함으로써 무엇을 얻었을까? 종국엔 그 스스로의 인간다움마저 잃어버리지 않았을까? 때때로 그때의 기억을 떠올리며 괴로워하지는 않았을까? 또 그 시절, 얼마나 많은 사람들이 상황에 떠밀려 그처럼 차마 해서는 안 되는 일들을 저질렀을까?

 그러나 정작 고통을 받고도 복수하려 들지 않았던 선한 사람들은 그런 몹쓸 기억 앞에서도 떳떳하다. 그들은 인간다움을 포기하지 않았기 때문이다. 전쟁이 한창이던 시절, 그 시기엔 알고도 행동하지 않은 양심이 많았을 것이다. 그렇다면 그들은 무엇을 얻었을까?

 우정은 어떤 시험을 원하는가?

메밀꽃 피는 동네

　　국민학교 6학년 때의 일이다. 영수라는 친구가 있었다. 당시 우리는 머잖아 중학생이 된다는 막연한 기대와 설렘 속에서 마지막 학기를 보내고 있었다. 담임선생님께서는 가끔씩 중학교 생활에 대해 이것저것을 얘기해 주셨는데, 어떤 아이들은 중학교에 가면 영어를 배운다는 말에 벌써부터 들떠 알파벳 외우기, 읽기를 시작할 정도였다. 그런 녀석들은 공책에 알파벳을 적어가며 은근히 자랑하는 눈치였다.

　　그때 영수는 공부를 썩 잘했기 때문에 중학교 진학에는 아무 문제가 없었다. 하지만 정작 녀석은 진학 얘기가 나오면 교실 뒤편에 앉아 고개를 푹 떨군 채 아무 말도 하지 않았다. 결국 선생님은 쉬는 시간이면 녀석을 불러 설득하시곤 했다.

"진학을 안 하면 뭘 하려고 그러니? 아버지께 말씀 드려서 꼭 중학교는 가야 한다."

하지만 선생님의 이런 당부에도 녀석은 늘 같은 대답이었다.

"저는 아버지를 도와드려야 해요. 벽돌 공장 일이요."

영수의 아버지는 벽돌 공장 인부였다. 하루 품삯을 받아 그날 그날 생활하는 형편이라 영수를 중학교에 보낼 만한 여력이 없었다. 그야말로 먹고사는 자체가 고되고 엄중했던, 살아가는 일 자체가 곤궁했던 시절이었다.

착하고 똑똑한 영수는 가끔 친구들에게 벽돌 만드는 법을 자세히 설명해 주곤 했다. 공장에서 어른들이 모래와 시멘트를 섞은 반죽을 틀에 부어 모양을 만들면, 영수는 그 틀 벗기는 일을 한다고 했다. 며칠이 지나 벽돌이 마르면 차곡차곡 쌓아 두는 것도 영수의 몫이었다. 아마도 영수는 그 일을 하면서, 자신이 같은 반 또래들보다 훨씬 빨리 어른이 되어가고 있다고 생각했던 것 같다.

하지만 마지막 학기에 녀석이 수줍게 설명해 주었던 '벽돌 만들기'는 겨울이 다가오면서 우리들 머릿속에서 잊혀졌다. 모두들 중학교 진학의 꿈에 들떠 있었고, 나 역시 중학교에 간 다음에는 그의 이름을 조금씩 잊어 버렸다. 그리고 얼마 안 가 새로운 친구들이 영수의 자리를 채웠고 끝내 그는 우리들 사이에서 지워진 친구가 되었다.

그러다가 또다시 훌쩍 세월이 흘러 군대를 다녀오고 대학에 복학한, 이십 대의 끝자락을 향해 치닫던 무렵이었다. 어느 날 나는 고향 친구를 통해 다시금 그의 소식을 들었다.

"장사를 한다더라, 시골 장을 돈다던데……."

가슴이 뭉클해지며 갑자기 미안한 마음이 들었다. 이상한 부끄러움과 죄책감이었다. 나는 이렇게 할 것 다 하며 지냈는데, 그 친구는 그렇게 살아왔구나, 하는 생각이 머리를 떠나지 않았.

이미 고향의 벽돌 공장은 사라진 지 오래였다. 하지만 나는 불현듯, 그가 만든 벽돌들이 오랜 시간 동안 내 기억 속에 차곡차곡 제 나름의 집을 짓고 있었음을 깨달았다. 이제 그도 자신만의 가시밭길을 걸어가면서 그 고사리 같던 손이 왕사발만해졌을 것이다. 나는 그의 얘기를 들으면서 가슴 깊은 곳에서 뭉클한 감정이 솟구쳐 오르는 것을 느꼈다. 미안하고, 또 미안했다.

그렇게 대학의 마지막 학기를 맞이했다. 어느 날 과 친구 하나가 부탁을 해 왔다. 영미 시 수업 과제로 시 한 편을 써 달라는 것이었다. 그때 왜 영수가 떠올랐는지는 모르겠다. 장돌뱅이로 전국을 떠돌며 살아간다는 그를 생각하며 나는 한 편의 시를 썼다. 머릿속에서는 강원도 5일장을 떠도는 그의 모습이 선명하게 떠올랐다. 그 또한 〈메밀꽃 필 무렵〉에 나오는 주인공 동이처럼 '뼈에 사무친 탐탁한 등허리'로 메밀꽃 피는 수십, 수백 개 마을들을 떠돌며 살아가고 있을 것 같았다. 나는 그 시를 쓰면서 그의 운명에 한 걸음 가까이 다가갈 수 있었다. 녀석이 제 몫의 삶을 끈질기게 붙잡고 살아가고 있다는 사실에 숙연함까지 느끼고 있었다. 그리고 그가 누구보다도 멋진 인생을 살기를 바라면서 순식간에 시 한 편을 쓰고 마침표를 찍었다.

그렇다. 나는 어렸을 때 이후로 영수의 얼굴을 본 적이 없다. 그럼에도 나는 여전히 교실 뒷자리에 조용히 앉아 몽당연필을 쥐고 있던 소년의 얼굴을 기억하고 있다. 나는 그날 쓴 시를 마음 속으로 영수 단 한 사람에게 선물했다. 지금이면 그도 나처럼 마흔 넘은 중년으로 이 세상을 살아가고 있을 것이다. 그를 생각할 때면, 나는 지금까지 내가 누려 온 행복이 얼마나 컸는지 깨닫는다. 또 예전에는 몰랐던 애틋한 감정이 샘솟는다.

서로 다른 모습으로 한 시대를 살아가는 먼 곳의 친구…….

이 시대 가까이 있는 수많은 가벼운 친구보다 인생의 숙연함을 깨닫게 해 준 친구, 영수. 그는 아직까지도 내 마음 속에 살아 있다.

헤어져도 친구입니다

조그마한 뷰티 샵을 운영하고 있는 양미숙 씨.

그녀에게는 누군가를 사랑했고, 사랑했던 그 사람과 헤어져야만 했던 쓰라린 경험이 있다. 짧은 결혼 생활 3년 후, 미숙 씨 부부는 끝내 합의 하에 이혼을 결정했다. 그들은 대다수가 그러듯이 성적인 불만, 경제적 문제, 성격 차이 등으로 이혼의 이유를 뭉뚱그려 버리는 대신 서로에게 솔직해지기로 했다. 결국 친구와 부부는 달랐음을 인정한 것이다. 그리고 미숙 씨는 이혼 뒤 오히려 전남편과 더 나은 관계로 발전하게 되었다고 말한다.

"그 사람과는 대학을 함께 다녔어요. 오랜 관계였기 때문에 서로 충분히 알고 이해한다고 생각했는데, 참 그게 아니더라구요. 사실 친구와 애인은 어느 정도 교집합이 있잖아요. 그런데 친구와 부부는 정말이지 많은 점에서 다르죠. 부부는 뭐랄까, 구속력이 더 강하잖아요? 저나 전남편이나 자기 세계가 뚜렷했고 구속받기를 싫어했는데, 부부가 되면 왠지 상대를 구속하고 싶어진단 말이죠. 그게 아름다운 구속이면 좋겠지만, 어쩐지 우리는 그런 걸 서로 불편하게 받아들였어요. 그래서 지금은 그냥 친구 사이로 남게 된 거죠."

주변에서는 웬 날벼락이냐며 만류했지만, 그들은 오히려 갈라 선 지금이 행복하다. 서로 각자의 짝을 다시 찾기 전까지는 가끔 만나서 차를 마시거나 이야기도 할 수 있다. 그녀는 오히려 생활의 매너리즘에 빠지지 않아서 좋다며 활짝 웃는다.

우리 사회도 이제는 많은 것이 달라졌다. 이혼한 사람들도 요즘은 전 배우자와의 관계를 예전처럼 굳이 다시 못 볼 사이로 규정짓지 않는다. 어떤 사람들을 이를 그 동안 남녀 사이를 일정한 틀 속에서 정의했던 제도들이 변화하면서 나타난 현상이라고 말한다. 하지만 이런 식의 급진적인 변화는 아직까지도 인정받기 힘든 것이 사실이다. 실제로 미숙 씨 역시 전남편과의 친구 관계를 곧 접어야 할 것 같다고 말한다. 전남편에게 새로운 여자가 생겼고, 두 사람이 곧 결혼하게 될 거라는 소문을 들었기 때문이다. 그녀는 전남편이 자신 때문에 괜한 오해를 받거나, 주변에 불필요한 억측이 생겨나기를 바라지 않는다고 말한다.

"왜 있잖아요. 헤어지고 나니까, 오히려 그 남자가 괜찮은 사람이라는 생각이 드는 거 있죠. 같이 살 때는 몰랐는데 헤어지고 나니까 정말 신사인 거예요. 많은 한국 남자들이 이혼하고도 깔끔하게 헤어지는 게 아니라 기둥서방 구실을 하려 드는데, 그 남자는 안 그러더라고요. 오히려 깍듯하고, 다른 친구들 만날 때에도 친구로서 배려해 주고…… 내가 괜찮긴 괜찮은 남자와 살았었나 봐요."

결혼은 축복이지만, 이혼은 그 축복만큼 큰 아픔을 몰고 온다. 하지만 그 이혼이 미숙 씨처럼 다시 친구로 돌아가기 위한 것이라면, 그 이별은 또 다시 새로운 관계를 만들어 낸다. 노력했으나 같은 가족으로 살 수 없었다면, 어떤 면에서 이혼은 법적인 장치로서 보장되는 가장 확실한 관계 재구축 방법일 수도 있다.

물론 친구로 지낸다고 해도 상대의 여건에 따라서는 그 관계 유지가 힘들 수도 있다. 남녀 간 성별이라는 객관적 차이가 있기 때문이다. 물론 그 틈새에 우정이 싹틀 수 있지만, 자칫하면 다른 감정이 움틀 수도 있다. 하지만 미숙 씨는 그 감정조차 겸허하게 받아들이라고 조언한다. 그렇다. 우정이 갖는 가장 큰 힘 중에 하나는 상대와 함께 나눈 경험, 서로에 대한 배려가 아닌가.

"그나마 다행이에요. 그 사람이 새 짝과 잘돼 가고 있다니 말이죠. 친구로서는 축복할 만한 일인데 전처로서는 조금 질투가 나긴 하죠. 괜히 그 사람 때문에 내가 이렇게 된 게 아닐까 하는 못난 생각도 들고요……. 그래서 불행하지는 않지만 행복하지도 않아요. 그저 먼 친구가 결혼한다는 소식을 들을 때처럼 잘 되길 바라면서도……. 얘길 듣다 보면 내가 걱정되는 거 있죠. 물론 그 사람은 내 행복이나 불행과 관계없이 잘되길 바라는 마음입니다. 내가 알던 사람이 잘되길 바라는 건 누구나 마찬가지 아닐까요? 알던 사이인데 당연히 그래야죠. 그래야 서로 예전의 일 때문에 불행해지지 않겠죠. 가끔 혼자서 웃곤 해요. 나는 그 사람을 속속들이 아는데, 이제 다른 누가 저보다 그 사람을 더 많이 알게 될 거라는 생각 때문에요. 심지어는 몸에 나 있는 작은 점까지도요. 견디기 힘든 상상이죠. 내가 늘 앉던 의자를 남에게 내 준 그런 기분 말이에요. 그래도 그 사람을 축복해요. 우리가 이혼한 건 상대적인 행복을 추구했기 때문이 아니라, 절대적인 행복을 찾았기 때문이니까요. 저도 누군가를 만나게 되겠죠. 친구보다 더 친한……."

헤어져도 친구로 남을 수 있다면 그만한 행운은 없을 거라며 그녀는 말을 마친다.

행복이란 느끼기 나름이다. 어떤 식으로 변모되든 그 우정이 여전히 따뜻하고 우호적인 감정으로 가득하다면 그걸로 된 것이다. 자신을 바꾸려는 노력 앞에서, 우리는 더 고독하고 힘들어진다. 자신을 바꾸면서도 스스로의 마음에 생채기를 내지 않을 수 있는 태도를 가진 사람은 한결 성공한 것이다. 그리고 그런 면에서 미숙 씨는 누구보다도 강한 사람이며, 감히 단언해 보건대 앞으로도 계속 전남편과의 충실한 친구 관계를 이어갈 수 있는 현명한 방도를 찾아낼 것이다.

●
먼 훗날,
누가 내게 삶과 인생에 대해 묻거든
이렇게 나 대답하리라.
벗이 있었음으로 내 생애는 즐거웠었노라고.

평생 친구였던 '당신'

지금 팔순이신 내 아버지는, 평생 어머니를 '여보'라고 불러 본 적이 없으시다. 두 분은 당신들의 청춘을 앗아간 전쟁의 혼란 속, 피난민 수용소에서 만나셨다.

아버지에게는 약혼한 여인이 따로 있었지만 전쟁은 둘 사이마저 갈라 놓았다. 아버지는 동란 중에 약혼녀의 가족이 북으로 넘어 갔다는 말씀을 종종 하셨는데, 추측해 보건대 아버지의 약혼녀는 아버지와 다른 사상적 입장을 추구했던 것 같다.

이 세상, 어떻게 보면 별다를 게 없다. 사랑하는 여자를 만나 결혼하고 자식을 낳고 늙어 간다는 것, 그것만으로도 대단한 축복이다.

눈에 넣어도 아프지 않을 사람과 함께 눈을 뜨고, 식탁에 마주 앉고, 잠들 수 있다는 것은 얼마나 큰 행운인가.

사실 어머니와 아버지는 젊은 시절의 청춘남녀 대다수처럼 불타는 애정을 경험하신 건 아니었다. 하지만 어쨌든 두 분은 만났고, 함께 살며 자식을 여럿 두셨다. 또 그렇게 자식을 낳고 살다 보니 오랜 시간 동안 함께 하며 서로 말할 수 없이 두터운 정을 쌓아가셨다. 진정 함께 한다는 것, 가족으로 살아간다는 것은 바로 이런게 아닐까 싶을 정도로 말이다.

하지만 두 분 입장에서 그런 식의 만남은 인생에서 가장 큰 시련이었는지 모른다. 그래서일까. 아버지는 겸연쩍어 그런다고 하시지만, 어머니에게 평생 '여보'라는 호칭을 쓰지 않으셨다. 쉽게 입이 떨어지지 않으셨다는 것이다.

대신 아버지는 어머니를 이렇게 부르셨다.

"여보게."

어머니는 이 호칭에 대해 가끔씩 아버지가 평생 당신을 종 부르듯 부르셨다고 불평하신다. 정말 당신을 아내로 생각했다면 어떻게 그런 호칭을 쓸 수 있겠냐는 말씀이시다.

하지만 어머니껜 죄송하지만, 가만 생각해 보면 아버지의 마음을 조금은 이해할 것도 같았다. 이 사람이 내 인연인지 아닌지 생각해 볼 틈도 없이 전쟁 통 속에 결혼을 하고, 자식을 낳고, 반세기 너머 살아 온 세월이었다. 아마 아버지는 어머니에게서 마음에 품고 있던 여성상을 찾기 힘드셨을지도 모른다.

그리고 어쨌든 이런 이유로, 아버지는 팔순 넘으시면서 발언권이 갑작스럽게 줄어들었다. 툭 하면 어머니에게 핀잔을 듣기 일쑤이신 것이다. 아버지를 부르는 어머니의 호칭에는 그간의 세월에 대한 노여움이 깃들어 있다.

"저 노인네가!"

어머니는 뭔가 마뜩찮으면, 아버지에게 이렇게 핀잔을 주시곤 했다. 사실 어머니는 오손 도손 '여보' '당신' 부르며 살고 싶으셨다고 한다. 그건 여자로서 당연한 바람이었을 것이고, 응당 그랬어야 했다. 호호백발 두 분이 지난 세월을 두고 언쟁이라도 벌이실 참이면, 우리들은 그저 웃어넘기고 만다. 막내가 마흔이 넘었는데 이제 와서 무슨 사랑 싸움이시냐는 거다.

그러던 어느 날, 나는 우연찮게 아버지에게서 어머니의 불평에 대한 해명을 들을 수 있었다.

그날 아버지는 햇살 속에 황금빛 먼지가 날아다니는 거실에 조용히 앉아 계셨다. 그리고 이런 저런 얘기 끝에, 당신은 어머니를 평생 친구처럼 생각하며 살아왔다는 말씀을 하셨다.

물론 부부는 남녀 간의 만남이다. 단순한 친구 이상의 관계라는 뜻이다. 그리고 어머니를 친구로 바라보셨던 아버지는, 어머니에게는 한없이 무뚝뚝한 남편이었을 것이다. 물론 다소 이해 안 가는 부분도 있었지만 한편으로는 부부 사이도 친구가 될 수 있구나 하는 생각이 들었다. 언젠가 아버지 흉내를 내서 집사람에게 슬쩍 한마디를 던진 적이 있었다.

"여보게!"

좀 구식인 감은 있지만 나쁘지는 않았다. 아니, 하괜찮았다. 강원도 사투리로 '그럭저럭 괜찮았다'는 뜻이다.

그럭저럭 부부도 되고, 그럭저럭 친구도 되는 사이라······. 제법 멋지지 않은가. 누구나 한번쯤 아내를, 남편을 그렇게 불러 봐도 괜찮겠다는 생각이 들었다.

물론 아버지 세대의 많은 이들이 아버지와 비슷한 일을 겪었을 것이다. 서글픈 이별, 의외의 만남 속에서 인생의 방향이 송두리째 바뀌기도 했을 것이다. 하지만 그 시대의 부부들은 어쩌면 시간의 흐름 속에서 우러나는 사랑 너머에 우정의 숲을 무성하게 키웠을지도 모른다. 물론 어머니께는 그것이 한이 되고 아쉬움으로 남았겠지만, 당신들의 자식인 우리가 이제 두 분이 함께 이뤄 놓으신 큰 숲을 보고 있지 않은가.

물론 어떤 나무들은 끝내 민둥산으로 남기도 한다. 연애 때는 그토록 불타올랐던 커플들이 결혼하고 얼마 못 가 이혼을 하는 경우를 얼마나 많이 보았는가. 무엇이 문제인 걸까. 예전보다 훨씬 더 많이 배우고, 상대를 검증할 수 있는 기회도 더 많고, 상대의 이모저모에 대해서도 더 많은 정보를 얻을 수 있는 요즘 시대의 결혼이 쉽게 깨지는 이유 말이다.

나는 우리 부모님을 지켜보면서 애정이든, 우정이든, 이 비슷한 감정이 길게 유지되는 이유를 적어도 하나는 깨닫게 되었다. 다름 아닌 사람에 대한 이해와 인내였다. 부모님도 바로 이 점을 평생 지켜오셨기에 친구 사이로도, 부부 사이로도 발전할 수 있었다.
　우정은 비단 친구로 만나, 친구로 지내는 이들만의 전유물이 아니다. 부부 사이에도 우정의 나무가 적어도 한 그루는 자란다.

나에게 오라 너에게 가마

"앞으로 얼마나 더 친구를 만날 수 있을지 모르겠어. 멀리 있는 친구를 그리워하는 것보다는 가까운 곳에 있는 사람을 친구로 만드는 게 훨씬 나을 텐데, 그게 참 그래. 밥벌이 하는 곳에서 만난 사람은 왜 이리 친구 되기가 어려운지 모르겠어. 그냥 빈말로 말고 진심을 터놓을 수 있는 사이가 되는 건 참 어렵더군. 예전엔 몰랐는데 이러는 걸 보니 나도 약해졌나 봐."

라디오 방송작가 일을 하고 있는 한 친구가, 어느 날 자조적으로 뇌까렸다. 살아가는 데, 그리고 사람에 사뭇 지치고 시달렸나 보다. 직장 생활을 하면서 갈수록 건조해지고 피폐해지는 인간관계를 피부로 느낄 때마다 왜 이러고 사나, 눈을 끔벅거리게 된다는 것이다. 또 그가 진행하는 프로에서 만나게 된 사람들도 하나같이 비슷한 생각을 가지고 있다고 했다. 함께 머리 싸매고 무언가를 이루어가는 장이자 훈훈해야 할 직장이 외환 위기가 닥친 이후로 더욱 황폐해지고 있다는 것이다. 떠난 사람이나 남은 사람이나, 독일의 시인 브레히트의 말처럼 '강한 자만이 살아남는' 환경에 익숙해져가고 있었다. 물론 이는 밥그릇 전쟁터에서는 늘 생겨나는 전형적인 견제 심리고, 부정한다고 해서 부정되는 것도 아니다. 그러나 불황이라는 이 시대의 재난이 남긴 가장 끔찍한 유산은 바로 '세상에 믿을 놈 하나 없다'는 심리라고 그는 말했다.

친구는 현재 우리 사회에 그런 부정적 심리가 전반적으로 깔려 있다며 혀를 찼다. 그게 지금 세상을 요 모양 요 꼴로 만든 원인 아니겠냐는 것이다.

"친구는 나를 키우는 평생 재산인데, 우리 사회는 서로를 키워주는 대신 끌어 내리기에 급급하단 말이야. 그러니 만남도 자연히 불편해지고, 회사에서 내뱉는 말은 필요 이상으로 조심스러워지고……. 정말이지 감정 조절 장치가 망가진 사회에 살고 있는 것 같아."

그의 말대로 우리가 20세기 말에 경험한 사회적 격변은 인간관계를 송두리째 바꾸어 놓았다. 외환 위기 이후에 많은 이들이 취직 문제, 경제적 문제로 쓰라린 경험을 해야만 했다. 아니, 거의 대다수가 그랬다고 해도 과언이 아니다. 그리고 이렇게 목구멍이 가난해지면서 마음도 가난해졌다. 이런 환경 속에서 따뜻한 인간애를 기대한다는 것은 무리일지도 모른다. 직장은 동반자적 협력 관계를 키우는 곳이 아니라 물러서서는 안 될 아군과 적의 대치 장소로 전락했으며, 그렇게 시작된 외부의 해일은 내부의 전쟁을 몰고왔다.

내로라하는 대기업에 다니는 또 다른 친구는, 이 같은 현상을 과거와는 담을 쌓은 '인간미의 공황기'라는 말로 표현했다. 지난 시절의 아름다운 문화와 전통까지 깡그리 무시한 채 오로지 효율성만을 추구하는 서구식 경영 이론만 팽배했다는 것이다. 먹는 음식, 생각하는 방식, 지금껏 가꿔 온 우리의 풍토, 이 한국적인 것들이야말로 우리에게 걸맞은 것인데도 경영 이론만 서구적으로 바꿔서는, 이를 '글로벌 스탠다드'라고 치켜세운다는 것이다. 그는 돌이켜 보면 한류 열풍도 바로 우리 것이 가진 힘을 증명하는 사례가 아니냐고 반문했다. 나는 그의 말에 고개를 끄덕일 수밖에 없었다.

"그때 이후로, 우리는 서로에게서 가능성이 아니라 단점을 찾아내고 서로를 좌절로 몰고 가는 데 기를 쓰고 있지. 이런 걸 과연 올바르다고 할 수 있을까? 일이라는 것은 자고로 사람이 하는 건데, 사람들 마음에는 아직도 앙금이 남아서 서로를 지치게 하고 있어. 아니, 오히려 지난 10년 동안 더 두껍게 쌓였을지도 모르지. 외환 위기 후로 우리 기업들은 직원들에게 무조건적인 단합이나 비전만을 강요해 왔어. 하지만 과연 어느 조직에 조직적 비전을 개인의 비전과 동일시하던 우리의 공동체적 문화가 남아 있느냐 말이야. 왜 과거를 얘기하면 모든 걸 쓰레기통에 던져 버려야 할 것처럼 핏대를 세우는지 모르겠어. 그건 10년 전이나 지금도 마찬가지야."

그의 논지는 미래를 먼저 산 과거 역시 의미가 깊고, 또 그것이야말로 미래를 향한 발전의 동력이 아니겠냐는 것이었다.

하지만 현실적으로 우리는 너무 많은 길을 이미 달려온 탓에, 그리고 잘못 들어선 길에 너무나 익숙해진 탓에 본질적인 가치를 잊고 있다. 이도 저도 아닌 어정쩡한 문화로 관계를 이해하려는 것이다. 후배들을 따뜻한 마음으로 대해 주고, 자신의 경험을 기꺼이 전수해 주면서 인생의 멘토가 되었던 선배들의 훌륭한 전통은 좀처럼 찾아보기 힘들게 됐다. 아니, 오히려 직장에서 속을 드러내면 내 명줄을 남에게 맡기는 꼴이 되어 버린다.

거침없이 풀어놓는 친구의 얘기 속에는 그의 길고 긴 사회 경험들이 오롯이 쌓여 있었다.

윌리엄 돈이 이런 말을 한 적이 있다.

"우리는 서로에게서 신神을 보거나, 또는 아무것도 보지 못할 수 있다."

이 말을 친구 관계에 적용해 보면, 외환 위기 이후 급속히 바뀐 직장 내 관계들을 조금은 이해할 수 있을 것이다. 이제는 서로가 서로에게서 신이 아닌 보잘 것 없는 모습만을 보기 시작한 것이다. 함께 위하고, 북돋워 주며, 키워 주던 아름다운 문화는 경쟁 국면 너머에 내팽개쳐진 채, 서로가 서로에게 무의미한 객체로 남는 관계의 법칙만이 남은 것이다. 그리고 여기에 세월이 더해지면서, 이제 서로를 깊이 들여다볼 수 있는 내면은 닫혀 버렸다.

한참 뒤 친구는 곤돌라 위에서 하루 일과를 보내는 조필원 씨의 이야기를 꺼냈다.

조필원 씨는 직장 친구의 도움으로 생명까지 건졌다고 한다. 그는 곤돌라에서 작업 도중 조작 실수로 큰 사고를 낼 뻔했다. 그리고 다들 주춤대며 바라볼 뿐 위험천만한 상황에 뛰어들지 않았을 때, 한 친구가 나서서 생명을 건 사투 끝에 그를 살려냈다. 그는 너무 큰 정신적 충격을 받고 곤돌라에서 내려지자마자 쓰러지듯 친구에게 기댔다.

"너무 걱정 말게, 우린 친구 아닌가."

오히려 자신의 생명이 위험에 처할 수 있는 상황이었음에도 조필원 씨를 도운 친구는 태연하게 이 한마디를 남겼다고 한다. 조씨는 그때 '이 친구는 무슨 일이 있든 평생 친구로 남겨 둬야겠구나.' 라는 결심했다고 한다.

"그래, 친구라는 한마디가 가지는 힘이 이렇게 큰 건데 말이지. 친구가 되고 싶다면 그 사람을 받아들이면 되는 거지. 그러면 그렇게 목숨을 구할 수 있는 힘까지 생기는 거 아닌가. 경쟁이니 뭐니 하는 거, 우리 짧은 한 인생에 비해 생각해 보면 얼마나 우스운 거야. 경쟁보다 협력이 더 강한 힘을 발휘한다는 걸 모두가 아는데, 경쟁만이 효율적이라는 이런 터무니없는 주장이 전부인 것처럼 부각되는지 모르겠어. 팀플레이 없는 성과가 과연 가능하기나 한가? 진한 동료애 없는 직장 생활은 삭막하기만 하지. 세상이 너무 각박해지는 것 같아 안타깝기만 해."

친구와의 술자리를 마치고 나서도 그 씁쓸한 이야기와 조필원 씨의 이야기가 계속해서 머릿속에 맴돌았다. 그날 마지막 술잔을 비우며 그런 생각을 했다.

'누구든 오라. 친구가 되고 싶은 사람이면, 누구든.'

'아니, 그보다 내가 먼저 친구가 되어 주어야겠구나.'

그러나 나는 끝내 그 생각을 입 밖으로 꺼낼 수 없었다. 그 말을 하려면 어쩌면 조금 더 시간이 필요할지 모른다. 하지만 나는 믿는다. 굳이 나 말고도, 그 친구 말고도, 이 같은 생각을 가진 이들이 우리 주변에 얼마든지 많을 것이라는 사실 말이다.

못난 나무가
산을 지킨다

"고향에 갔는데 말이지, 더 이상 옛날 고향이 아니더라. 우리 살던 때 모습은 전혀 남아 있지 않아. 기억 나? 왜 우리 집만 해도 봄이면 과수원 꽃이 만발하고 그랬잖아. 그런데 거기에도 아파트가 들어서서 어디가 우리 집이었는지 알아볼 수조차 없더라. 친구들은 다 도회지로 나가고 없고, 알던 어르신들은 대부분 돌아가시고……. 그렇게 변했더라구……."

떠난 지 20여 년 만에 고향을 찾았다는 향우회 친구는, 내게 달라진 고향 풍경 이야기를 이렇게 해 주었다. 그의 얼굴에는 오래 전 기억을 떠올리듯 깊은 감회가 서려 있었다. 그도 나와 마찬가지로 대학

진학을 위해 도시로 나와 학교를 졸업하고, 졸업 후에는 서울에서 직장을 잡아 인생의 짐을 풀었다. 그러니까 그와 나는 어린 시절부터 지금까지 비슷한 길을 걸어온 친구인 셈이다.

"그런데 말이야, 우연히 영우를 만났어. 그 친구 아직도 거기 살더라. 자전거포를 한다고 하는데, 그것만으로는 수입이 모자라서 밭을 일궈 담배농사를 짓는다고 하더군. 목장 일은 뭐라더라, 사료 값 때문에 수지가 안 맞아서 집어치운 지 오래라고 하던가."

자전거포를 운영하고 있다는 이 영우라는 친구는, 아버지가 목장을 하셨던 터라 어렸을 때 '목장 집 아들'이라고 불리던 녀석이었다. 나는 오랜만에 그의 이름을 듣고는 먼먼 고향 기억을 불러들였다. 사실 고향 떠난 지도 오래였고 그간 연락도 없었던 터라, 어느덧 나는 그의 존재를 까마득하게 잊고 있었다. 그러나 그의 이름, 그와 함께 했던 수많은 일들이 떠오르자 불현듯 녀석의 얼굴이 손에 잡힐 듯 가까이 다가왔다.

영우는 늘 웃는 얼굴이었다. 뭐가 그리 좋은지 화가 날 법한 일에도 항상 싱글싱글 웃음을 날려 '돌부처'라는 별명을 얻었는데, 그러니까 30여 년 전, 진학 때문에 서울로 오면서 헤어진 뒤로는 다시 만나지 못했다.

그는 이제 고향에 유일하게 남은 자전거포 주인이 되었고, 우리는 대한민국 서울에 무수히 널려 있는 회사들 중 하나에 삶의 똬리를 튼 직장인이 되어 있었다.

"너도 알지? 그 녀석 언제나 싱글대던 거. 참, 그건 여전하데……. 사는 건 좀 어떠냐니까, 자기는 시골 살아서 잘 모르지만 너희들은 텔레비전 보니까 사오정이다 뭐다 해서 마음고생께나 하고 있는 걸로 알고 있더라고. '고향 떠나면 다 고생이지, 물설고 낯설고…….' 뭐, 그러면서 한참을 위로해 주데. 순박한 건지, 몰라서 그러는 건지 당체 알 수가 있어야지. 어쨌든 그 친구 인심은 변한 게 없어. 내일 떠난다고 하니까 닭 잡고 막걸리 받아 오고, 우리 애한테 여비까지 쥐여 주더라. 처음에는 촌구석에서 꽉 막혀 살고 있구나, 생각했는데 그게 아니었어. 그렇게 친구 대접 잘 받고, 고향 어귀를 벗어나면서 생각해 보니 글쎄, 사는 게 다 그런 거 아닌가 싶더라. 나처럼 빡빡하게 산들 뭐가 그리 남는 장사냐 싶은 게, 뭐가 그리 행복하냔 말야? 그냥 엉거주춤하게 사는 게 최고지. 왠지 그 자리에 그대로 앉아서도 허허대는 바보 산을 바라보는 느낌이었어. 바보처럼 늘 같은 자리에 우두커니 서 있는 산, 그런 산 말이야……."

친구의 얘기를 듣다 보니 어느새 호기심은 사라지고 마음 속에 아련한 감정이 일기 시작했다. 제 딴에는 세상 다 아는 것처럼 살아왔는데, 그 자만심이 한순간에 무너지고 있었다. 내 삶이 고향의 바보 산만큼도 못하다는 생각도 들었다. 야박하고, 계산적이며, 잔머리 굴려야 사는 이 도시에서의 삶은, 어쩌면 잘난 척하다가 무릎을 꿇고 마는 그런 식의 삶인지도 모른다는 생각이 들었다.

그렇게, 내 고향에는 아직도 미련할 정도로 순박한 친구가 살고 있다.

나는 그날 집으로 돌아오면서 먼 기억 여행을 떠났다. 마음 속에 잠들어 있던 꿈속의 고향을 복구해 보고 싶었다. 이번 여름에는 꼭 내려가 보리라. 바쁘다고 핑계대지 말고 단 1박 2일이라도 시간을 내서 영우와 시원한 막걸리 한 사발이라도 들이키리라.

옛 말 중에 '못난 나무가 산을 지킨다' 는 말이 있다. 우리는 나이를 먹으면서 더 많은 사람들을 만난다. 하지만 아무리 많은 이들을 만나도 늘 예전의 친구가 그리운 것은, 인생에 비가 오나 눈이 오나 그들의 모습만큼은 늘 한결같기 때문이다. 세상이 아무리 변해도 늘 제자리를 지키는 사람, 늘 푸른 소나무처럼 깊이 한 곳에 뿌리 내린 채 가지를 흔들어 주는 그런 친구가 있기에 우리 우정도 숲을 이루고 희망을 키워내는 것인지 모른다. 나는 그 못난 나무들처럼 재빠르지도 못하고 굼뜬 친구들이, 사실상 우리 몫의 우정까지 지켜내고 있다는 것을 깨닫게 되었다.

빼곡하게 들어 찬 아름드리나무들 사이. 바로 그곳에는 누구도 거들떠보지 않는 키 작고 옹이진 나무들이 뿌리를 박고 산을 지킨다. 다들 뽐내고, 자신을 드러내야만 우위를 거머쥘 수 있는 시대에 묵묵히 자기 자리를 지킨다는 것은 사실 쉽지만은 않다. 하지만 영우는 무덤덤하기에, 탁배기처럼 순박하기에 우리를 품어 주는 바보 산이 되어 아직도 고향 언저리에 서 있는지 모른다. 아무리 궁색한 삶을 산다 해도 흔한 성공의 잣대 따위로 잴 수 없고 재서도 안 되는 친구. 나는 영우를 생각하며 고개를 끄덕였다.

그 친구 앞에서 나는 한껏 작았고, 그 친구를 떠올리면 왠지 산을 보고 있는 것 같았다. 그 산은 때로 인생의 가치를 잊고 살던 나에게 불현듯, '사는 건 이런 거지.' 하고 깨닫게 해 주었다.
친구란 그런 것이다. 가만히 어깨를 짚으며 "오늘 내가 품고 있는 산의 이파리는 져도 다음 해 봄이면 다시 새순은 피어오를 걸세." 라며 말해 줄 수 있는…….
그런 바보 산이 바로 내 친구 영우인지 모른다.

밑천 쌓인 관계

와인은 태양이 빚는다는 말이 있다. 포도가 잘 익으려면 뜨거운 햇살은 필수다. 또 빚는 과정도 중요하지만, 제대로 된 열매를 골라 원료로 쓰는 것 역시 중요하다. 잘 익은 포도로 빚으면 술맛은 당연히 좋게 마련 아닌가. 또 오래된 술일수록 그 향도 깊고 맛도 진하다.

사람도 다를 바 없다. 우리는 매번 새로운 사람을 만난다. 또 매번 그들을 대할 때마다 내가 어떤 사람인지, 무엇을 좋아하고 싫어하는지를 알려 주어야 한다. 그런 건 아무래도 덜 익은 술을 마시는 것처럼 흥이 일지 않는다. 특히 서로 잘 맞지 않을 때 발생하는 마찰을 견뎌내고 그것을 개선하기 위해서는 또 얼마나 많은 에너지가 필요한가.

근래 들어 나는, 굳이 나를 이해시켜야만 하는 사람을 만날 때면 너무 많은 시간과 노력을 들여야 한다는 생각에 벌써부터 지치고 만다. 게다가 상대와 친구가 된다는 보장도 없기에 더 주춤대게 된다. 특히 이 시대의 사회 생활은 대다수 경제 활동과 연결되어 있기 때문에 모든 이들을 우호적으로 받아들이기도 힘들다. 이해관계에 치중해야 하는 만남은 어느 한계 내에서 분명한 선을 그을 수밖에 없다. 조심스러워야 하고, 자칫하다가는 본의 아니게 내 뜻이 와전되거나 왜곡되어 서로 난처한 상황에 처하기 때문이다.

사실 와인처럼 세월 속에서 익어가는 관계는 처음의 떫은맛을 극복해야만 가능하다. 즉, 시간과 노력이 응축되어야만 한다. 또 편한 사람과의 만남이란 그런 의미에서 '밑천을 깔아 둔' 관계다. 오랜 시간 동안 대화하고 이해했기에, 접어 두어도 문제없을 일은 갑론을박이 필요 없다.

하지만 이처럼 허물없이 편해지는 대신, 한편으로는 상대방에 대한 배려가 싹트고 한마디 말에 담는 의미도 깊어진다. 우리가 하는 말이란 사실 그 자체로 완전하지 못하다. 같은 말이 모든 상황에 적절한 것도 아니다. 예컨대 한없는 절망의 나락에 빠진 친구에게, "그까짓 일을 갖고 뭘 그래?" 한다면 어떻게 될까. 당연히 오해를 불러일으킬 것이다. 물론 누구나 평소에 겪는 아픔이나 견딜 만한 고통을 겪고 있을 때는 위로가 될 수도 있지만 말이다. 하지만 절망적인 상황에 처한 사람에게는 이런 한마디는 자칫 조롱처럼 느껴질 수 있다.

잘못되면 지금껏 애써 쌓아 온 우정이 송두리째 날아갈 수도 있다는 말이다.

하지만 그럴 때, "나는 자네가 이보다 더한 일도 이겨냈다는 것을 잘 알아. 이깟 일로 뭘 그러나? 용기를 내." 하고 배려 깊은 한마디를 덧붙인다면, 상대도 서로 쌓아온 경험을 밑천 삼아 오해를 하지는 않을 것이다. 이처럼 신뢰란 오랜 우호 활동이 누적되어 생겨난 상호 간의 인식 작용인 셈이다.

그러나 사람 사이에는 분명 말이나 행동보다 더 진한 무언가가 존재한다. 눈빛만 봐도 상대가 뭘 원하는지 안다면, 그건 보통 밑천이 쌓인 사이가 아니다. 문제는 그런 밑천이 짧은 시간 내에는 결코 쌓일 수 없다는 사실이다. 생 텍쥐페리의 소설 《어린왕자》에 이런 내용이 나온다.

어느 날 어린 왕자는 자기가 가진 장미꽃이 세상의 유일한 한 송이라 믿었다가 지구에서 무려 오천 송이의 장미꽃과 마주치게 된다. 그러자 어린 왕자는 이렇게 말한다.

"내 장미꽃은 비록 한 송이지만 나한테는 수천 송이의 너희들보다 중요하단다. 왜냐하면 그 꽃은 내가 직접 물도 주고, 유리 덮개도 씌워 주고, 바람막이도 세워 주고, 벌레까지 잡아 주었으니까. 그리고 투덜대거나 뽐낼 때, 심지어는 토라져서 아무 말을 하지 않을 때도 귀를 기울여 주었어. 바로 내 장미꽃이었으니까."

그러자 그 모습을 지켜보던 여우가 말한다.

"네 장미꽃을 그렇게 소중하게 만든 것은 그 꽃을 위해 네가 소비한 시간이란다."

이처럼 신뢰가 쌓이려면 우리는 그 사람과의 관계에 더 많은 시간과 노력을 투자해야 한다. 진심으로 상대를 받아들이는 태도가 필요한 것이다. 그리고 이런 만남은 물리적 편리함을 넘어 특별한 감정의 공감대를 통해 길게 유지된다.

또 상대를 진정으로 편하게 느끼려면 무엇보다도 그와 공통의 우호전선을 형성해야 한다. 어려운 일을 함께 겪어 내거나 마음을 담은 선물을 교환하거나 만남의 면적을 넓힐 때, 서로에 대한 인식의 폭도 확장된다.

딸아이가 한동안 전학 간 학교에서 따돌림을 받은 적이 있다. 딸아이는 내게 이렇게 말하곤 했다.

"아빠, 나만 그런 게 아니에요. 애들도 다 우정 전쟁을 치르고 있어요. 서로 다른 애들보다 더 친해지려고 말이에요. 그러다 보니 다른 애들을 못살게 구는 거죠."

그 상황은 아마 딸아이에게 엄청난 스트레스를 주었을 것이다. 아이는 잠잘 때조차 잠꼬대를 해대곤 했다. 친구 간에 나눌 수 있는 우정의 총량은 같은데 나눌 수 있는 파이가 작아 '우정 전쟁'을 치르고 있는 것이었다.

하지만 우정의 본질은 누구와 친하다는 이유로 다른 누구를 배척하는 것이 아니다. 만일 아이들이 우정을 그런 식으로 이해하고 있다면 그야말로 심각한 문제가 아닐 수 없다.

　우정은 오랜 시간을 들여 서로를 닮아가고, 그렇게 마음을 복사해 내는 것이다. 실로 눈빛 하나로 타인에게 비친 내 모습을 볼 수 있다는 건 놀라운 일이다. 선한 관계를 유지하는 사람의 눈빛은 선한 관계를 추구하는 누군가의 그것과 닮아 있다. 그가 또 다른 그를 바라보는 눈빛, 그것은 그가 또 다른 그를 생각하고 있다는 걸 의미한다. 그들이 함께 해 온 오랜 시간을, 바로 그 안에서 느낄 수 있다.

　나는 중년의 나이에 서 있다. 지금 나는 어떤 눈빛으로 타인들을 바라보고 있는가. 나는 얼마나 많은 이들과 오랜 시간 함께 지내왔는가. 가끔씩 외로움을 느낄 때마다 그런 생각을 한다. 아직 내 밑천은 너무 빈약하다고 말이다. 내가 이기적이니 사람도 오지 않고, 그래서 애초부터 긴 시간을 함께 나눌 사람을 만나지 못하는 건 아닐까 하고 말이다.

　그럴 때 나는 또다시 생각한다. 혹시 나는 사람을 바라보는 대신, 그저 얼룩진 세상을 바라보고 있었던 것은 아닐까?

　우정이 가지는 길고 정성스러운 시간, 그 본질은 외면한 채 그것을 하나의 힘과 소유물처럼 여겨 '우정 다툼'을 하는 저 어린 아이들과 지금의 내가 과연 다를 바가 무엇인가?

이보다 좋을 수 없다

　과묵하거나 진지한 사람에게는 신뢰가 간다. 하지만 요즘 정서에서는 그것도 무언가 부족하게 느껴진다. 언행에 무게감 있는 건 좋지만 자칫 경직되어 보일 수 있기 때문이다. 게다가 요즘 같은 시대에서라면 농담과 쾌활함도 얼마든지 진지한 우정을 표현하는 좋은 도구가 된다.
　내가 아는 어떤 분께서는, 죽은 친구의 장례식장에서 영정 앞에 꽃을 놓으며 이렇게 농담 한마디를 던지셨다.
　"너무 서운해 말게. 자네는 꽃밭에 먼저 들지 않았는가? 나는 아직도 잡초 밭에서 뒹굴고 있는데 말이야. 곧 다시 만나게 될 걸세. 내가

면허 없이 꽃상여 몰고 가도 붙잡지는 말아 주게나."

그 애긴 슬픔으로 가득 차 있던 장례식장을 따뜻한 웃음바다로 만들었다. 그 정겨운 농담 한마디가 오히려 주변 사람들로 하여금 고인과의 아름다운 추억을 상기하게 만들었다.

이처럼 아무리 주변이 시끄러워도 제소리를 내고, 신명을 다해 자기 몫을 다하는 친구를 곁에 두었다면 인생에 그만한 행운도 없다. 또 내가 두드리는 북소리, 꽹과리 소리를 마다 않고 들어 주는 친구를 가까이 둔 것도 그 못잖은 복이다. 변함없는 소리를 내고, 내 변함없는 소리를 들어 줄 줄 아는 친구가 있다는 것은, 분명 행복에 한걸음 다가서는 일이기 때문이다. 내가 신명이 나서 두드릴 때면 그런 신명에 기분 맞추고, 내가 슬퍼서 두드릴 때면 곁에서 위로해 주는 친구.

한 명이라도 좋다. 그런 친구가 있는가?

이런 질문에 늘 고개를 끄덕일 수 있다면 당신은 누구보다도 행복한 사람일 것이다.

중년에 들어선 만큼 내 주변에는 당연히 중년 친구들이 제일 많다. 그 중에 한 친구가 있는데 그는 가끔 대단히 철이 없어 보인다. 가만보다 어이 없이 뒤로 자빠질 정도로 말이다. 그를 볼 때면 경쾌한 요트가 파도를 타고 잽싸게 미끄러져가는 장면이 떠오른다. 그는 노래방에 가면 단연코 최신 유행가를 뽑는다. 그런가 하면 머리는 굵은 웨이브를 넣거나 바짝 깎아 언뜻 스무 살 대학생 같다. 게다가 요즘 잘 나간다는 물 좋은 술집 이름은 줄줄이 꿰고, 젊은 아가씨들에게도 편안하고 세련된 유머를 거침없이 날린다. 도무지 나로서는 따라 갈 수 없는 신세대풍 신사다.

그는, 사람은 늙기 위해서 사는 게 아니라 젊음을 즐기기 위해 산다고 입버릇처럼 말한다. 아마 나이를 거꾸로 먹고 싶어서 그렇게 남은 젊음을 불태우고 있는지도 모른다. 실제로 그는 제아무리 골치 아픈 대화에서도 어김없이 농담을 이끌어내고, 모든 것을 우스꽝스럽고 가볍게 희화화할 줄 아는 재주가 있다. 가끔은 곁에 있는 내가 아연실색할 정도다. 도무지 그 나이에 어울리는 진지함이라곤 눈 씻고도 찾아 볼 수 없다.

어느 날 내가 그에게 물었다.

"너는 어떻게 그렇게 살 수 있냐? 주변 눈 같은 건 상관도 없어?"

그에게는 이런 질문조차 고리타분한 우려로 들렸나 보다.

"쓸데없이 심각하게 굴지 마. 닥치는 대로 살아. 다들 제멋에 사는 거야."

사십 대 중반에 접어든 그가 한 대답이 바로 이거였다. 나는 입을 다물고 말았다. 마치 될 대로 되라는 '케세라 세라' 식의, 보통 직장인으로서는 도저히 따라 갈 수 없는 사고처럼 느껴졌다. 늘 체면 따위를 신경 쓰는 내 입장으로는 도저히 뛰어 넘지 못할 벽이었다. 나는 당황도 했고, 한편으로는 부럽기도 했다.

저 친구는 어떻게 저런 생각을 가지고도 사회 생활을 해 나갈 수 있는 걸까, 싶었다. 나이 사십이면 여러 면에서 안정되고, 쉰 이상의 중후함은 아니라도 어느 정도의 무게감은 있어야 하는데 그는 반대로 열심히 달리고 있는 중이었다. 나이가 들수록 외모는 앳되어지고, 가벼움의 극치를 오르내리고, 경쾌함과 속도감은 더해갔다. 그러던 어느 날, 진지함이라곤 눈곱만치도 찾아 볼 수 없는 그 친구에게서 뜻밖의 면을 발견하게 되었다.

몇 해 전, 그는 부인과 사별했다. 암 투병 중이던 아내가 급기야 운명을 달리하면서, 그는 거의 1년 동안 폐인 생활을 했다. 도무지 얼굴에 웃음기라고는 찾아 볼 수 없었고, 매사에 신경질을 부려 아무도 그를 가까이 하려 들지 않았다. 당연히 직장에서도 상사는 상사대로 그를 못마땅하게 여겼고, 아랫사람은 아랫사람대로 여간 불편한 게 아니었다. 괜한 시비라도 생기면 그의 성격을 감당하기 어려웠기 때문이다.

그랬던 그가 변하게 된 것은 우연한 기회를 통해서였다. 어느 날, 친구를 만나 이런 저런 슬픈 이야기를 늘어놓는데 친구는 그저 코웃음만 치더라는 거다. 그러면서 기껏 한다는 말이 이랬다.

"너만 심각하냐? 다들 말을 안 해서 그렇지 마음 속에 숯을 한 가마니씩은 담고 다녀. 너처럼 티내지 않을 뿐이지."

이 얘기를 듣고 처음에는 발끈했다. 하지만 돌아서 생각해 보니 인생의 고통도 별 것 아니라는 생각이 들었다고 한다. 아내의 어처구니 없는 죽음 앞에서 이를 악 물고 세상을 원망했지만, 그렇다고 죽은 아내가 돌아오는 건 아니었다. 사랑하는 사람이 남긴 자신의 모습이 고작해야 원망만 퍼부어 대는 모습이라는 것이 싫었다. 아이들은 아빠 눈치를 보느라 그가 집에 들어오면 발소리까지 죽였고, 그렇게 집 안도 점점 쥐 죽은 듯 썰렁해졌다. 어느 날 그는 아이들이 자기들끼리 이야기하는 것을 듣게 되었다.

"우리 집은 유령이 사는 집이야. 감옥 같아……."

그 얘기를 듣고 친구는 혼자 방 안으로 들어와 숨 죽여 울었다. 아내가 원하던 건 이런 게 아니었을 것이다. 그 자신의 말마따나, 아내의 죽음을 통해 아이들에 대한 사랑을 더 크게 키워나가기는커녕 분노와 원망으로 아이들에게 상처까지 주고 있었다.

'이런 꼴이라니, 정말 사는 게 아니지. 애들 말이 맞구나…….'

그는 마음을 다잡고 결심했다.

그날 이후 그는 비틀어진 나뭇가지처럼 흉물스럽게 웅크려 있던 자신과 결별하고, 새로운 삶의 방식을 찾아 나가기 시작했다. 의도적으로라도 농담을 던지고, 젊은 친구들을 겉모습이나마 흉내 내고, 외로울 때면 즐겁게 휘파람을 불고, 그러는 동안 차차 응어리졌던 마음도 풀리기 시작했다. 그리고 이런 작은 변화들은 곧바로 생활의 변화로 이어졌다.

그러다 보니 마음도 젊어지고 생각이 빨라졌으며, 결과적으로 인생도 즐거워졌다. 또 그런 생활이 습관화되면서 또래 친구들보다 십 년 이상은 젊어 보이기 시작했다.

"그때 왠지 이 친구가 나를 맘껏 조롱하고 있구나, 하는 생각이 들었어. 그런데 가만 생각해 보면, 왜 그런 거 있지? 충격요법이라고 하나? 아마도 그 친구 한마디에 심장이 멎을 때 쓰는 요법 비슷한 강한 충격을 받았던 것 같아. 정말로 정신이 번쩍 들더라구. 왜 친구라는 게 있잖아, 우리 나이가 되면 동병상련만 가져도 되고, 그게 무난하다고 배웠는데 그게 아니었어. 그 친구는 오히려 역습을 해서 나를 구해 준 거지. '네가 잘난 놈이라고? 어디 네가 뭐가 그렇게 잘났나 봐라. 자기 인생조차 엉망으로 만들고 있는 놈이…….' 뭐 이런 식으로 생각했나 보더군. 내가 훌훌 털고 일어날 수 있도록 도와 주고 싶었던 거지. 비틀즈 노래에도 있잖아? 잘 안 되는 일은 그냥 놔 둬라, 렛잇비든가. 나도 요즘 내가 좀 오버한다는 거 잘 알아. 하지만 이것도 인생을 즐겁게 사는 한 방법이지……."

나는 이런 얘기를 듣고서야 그의 행동을 깊이 이해할 수 있었다. 가장 즐겁게 사는 것처럼 보이던 그 친구도 결국은 인생이란 터널에서 눈물 쏙 빠지는 가혹한 시련을 겪은 사람이었다. 알고 보면 우리가 만나는 사람 중, 누군들 그렇지 않겠는가?

사람은 누구나 상처를 안고 살아간다. 또 그 상처를 어루만져 주는 방식도 사람마다 다르다. 진정한 친구라면 서로 고통스러울지라도 상대를 좀 먹는 상처의 고름을 제거해 줄 수 있어야 한다. 서로가 이같은 과정을 통해 인생의 건전한 줄기를 세워 갈 수 있는 것이다.

"인생을 한 바퀴 돌고 나면 사는 데 그리 쫀쫀하게 굴지 않게 되더

라. 애들한테 필요한 돈 문제만 빼놓고는 남들보다 즐기며 살고 싶어. 이렇게 사니까 하나는 좋아. 하루가 빨리 가더라구. 예전처럼 죽을 맛이고 그런 게 아냐. 그땐 정말 몰랐지. 이런 게 행복이라는 걸."

누가 누구를 치료하느냐는 중요하지 않다. 우리는 서로를 치료할 수 있다.

그렇다. 인생에 이런 친구가 한 명 있다면, 절망의 구렁텅이에서 벗어나 더 즐거운 인생을 사는 그런 친구가 곁에 있다면, 아프게 곪아 들어가는 내 상처를 한번 맡겨 볼 만하지 않은가.

이 이상의 말도 없고
이 이상의 사이도 없다
만물은 모두 이런 점에 산다

친구는 악기처럼 사네

"요즘 내 꿈이 뭔 줄 알아?"

이제 오십 줄을 향해 달려가는 친구 하나가 담담하게 자기 꿈을 이야기한다.

꿈, 꿈이라……. 우리 나이의 꿈이란 도대체 무엇인가.

자식들 잘 크고, 가족들 아픈 데 없고, 나도 건강하고, 직장에서 탈 없고, 애들이 커가니 집 좀 늘려 이사하고, 노후에 그럭저럭 먹고 살 돈을 얼마라도 모으면 되는 것 아닌가.

그러나 그 친구는 내 이런 소박한 꿈과는 뭔가 다른 꿈을 이야기하고 있었다.

우리 나이의 꿈이란 이미 비바람 맞고 모래성처럼 무너져 바닥조차 남아 있을 것 같지 않은데, 그는 지금 이 순간 때늦은 꿈을 말하고 있는 것이다. 아니, 더 나아가 그걸 이루려고 애를 쓰고 있었다. 그런 그가 너무나 진지해 보여 나는 내심 불안하기까지 했다.

나는 바짝 긴장한 채 그의 얘기에 귀 기울였다. 그러다 보니, 과연 나는 꿈을 잃은 건지, 아예 처음부터 꾸지 않았던 건지, 대체 철든 이후로 꿈이라는 걸 가져 보기나 했는지 가물가물하기만 했다. 어쨌든 그의 꿈 이야기는 내게 신선한 충격으로 다가왔다.

"나 있잖아, 악기를 다루고 싶어⋯⋯. 얼마 전에 공짜 표를 얻어서 연주회에 갔지 않았겠나. 정말 놀랐다네. 태어나서 처음으로 그런 대형 연주회장을 가 본 건데, 라디오나 오디오로 듣던 음악과는 전혀 다른 감동을 주더군. 음이 폭발하던 그 소리가 지금도 가슴 뭉클하게 들려 와. 누구는 저렇게 멋진 음악을 평생 끼고 사는데 나는 그 흔한 기타 연주 하나 못 하니⋯⋯. 악기를 배워야겠다는 생각이 퍼뜩 들었어. 내가 지금까지 진짜 인생의 멋을 모르고 살아왔구나 하는 생각이 들더군."

친구는 지금이라도 악기를 배워야 하는 이유를 백 가지 이상은 거뜬히 댈 수 있다고 큰소리를 쳤다. 사실 나는 그의 꿈도 놀라웠지만, 무엇보다도 그가 그런 기분을 느꼈다는 자체가 더 놀라웠다. 그는 나와는 다르게 악착같이 인생을 살아왔다. 고학으로 대학을 마쳤고, 사회에 나가서는 독신일 때 이미 집까지 마련해 두었다. 그의 인생에는 낭만이라든가, 인생의 쉼표 따위는 없었다. 틈만 나면 쉬었다 가고, 느릿느릿 걸어 온 나와는 전혀 다른 삶을 살아 온 것이다.

그런 그가 중년의 나이에 접어들어 엉뚱한 짓을 시작했다. 놀랍기도 하고 한편으로는 부럽기도 했다. 변신을 해도 어느 정도 예측 가능한 범주 내에서 해야 한다는 게 나의 지론이었는데, 그는 아예 백팔십도 달라진 것이다. 그의 꿈 찾기는 한동안 별다른 감흥 없이 지내 온 내 가슴을 바람처럼 휘젓기 시작했다.

"오래 전 누구보다 앞서서 살겠다고 결심했었지. 그런데 남은 게 무언가? 먹고 살 만하니까 배가 불러 그런 건지, 사는 게 뭔가 생각해 보게 되더라고. 주변을 돌아보니 친구도 없더군. 물론 자네처럼 함께 얘기 나눌 친구도 좋지만, 아침저녁으로는 그냥 옆에 뒀다가 마음이 울적할 때 주거니 받거니 위안을 나눌 친구가 필요하다는 생각이 들더군. 그러다 보니 사람 목소리만큼이나 따뜻하고 깊이 있는 소리를 내는 악기야말로 내 인생의 벗이 될 수 있을 것 같았어. 가끔 옆에 두고 쓰다듬고 위안 받으면 그게 최고 아닌가."

결국 그는 악기를 새로운 친구로 받아들이기로 했다. 또 누구보다도 열심히, 충실히 살아온 그였기에 나 역시 뒤늦게 악기를 배우려는 그의 투혼에 거침없이 박수를 보낼 수 있었다.

나는 그가 악기를 다루는 광경을 상상하면서, 이제 이 친구도 늙어가고 있구나, 생각했다. 빠른 물결 같았던 그의 삶도 이제는 넓은 들을 만나 느리고 유연하게 세상을 적시며 흘러가고 있었다. 이전과는 사뭇 다른, 오히려 약해진 것 같은 그 모습에서 예전에는 보기 힘들었던 인간적인 면을 발견했다고나 할까.

곧이어 나는 악기와 그 친구가 완벽한 조화를 이뤄내 하나의 화음으로 황홀하게 피어오르리라는 것을 확신할 수 있었다.

"나는 예술에는 문외한이었네. 그런데 요즘엔 음악을 듣거나 좋은 영화를 보거나 책을 읽으면 갑자기 눈물이 쏟아져. 자네도 알 걸세, 감동 없이 산다는 건 얼마나 불행한가. 바짝 가뭄 든 밭을 걸어 온 느낌이야. 집사람에게는 미안하지만, 결혼할 때도 그저 조건이 맞아서 결혼했지 유별나게 사랑했거나 한 건 아니었어. 그래서 그런지 지금은 집사람한테도 애들한테도 미안한 마음이 들어. 총각 때 사귀던 아가씨 생각도 나고……. 악기를 배우면 꼭 연주하고 싶은 곡이 두 곡쯤 있네. 생일 축하 노래하고 저녁 황혼 무렵에 은은하게 퍼지면 딱 좋은 재즈 한 곡 정도 말이야. 우리, 이제 이렇게 살아도 되는 거지?"

나는 그의 말에 고개를 끄덕여 주었다.

악기를 배운다……. 아니, 악기를 닮아간다…….

실로 대단한 일이었다. 퇴근 뒤에 악기 가방을 들고 레슨을 받으러 다닐 그를 떠올릴 때마다 뿌듯했다. 그렇다. 지금껏 열심히 뒤도 안 돌아보고 살아온 삶이었다면, 이제는 평화롭고 조화로운 화음과 함께 흘러가도 좋을 것 같았다. 친구라는 이름으로, 혹은 동료라는 이름으로 만나 하루하루를 벅차게 살아온 우리. 가끔은 그 마음을 다스리는 우호의 신을 맞아들일 준비를 해야 한다. 그 신이란 어쩌면 다름 아닌 인생이라는 악기에서 울리는 아름다운 소리일지 모른다.

　이제 친구는 악기를 타고, 작은 보폭으로 인생을 걸어갈 준비를 하고 있다. 어쩌면 그 자체가 누구나 부러워하는 천상의 악기, 천상의 화음일지도 모른다. 그와 나, 그리고 많은 이들이 삶이라는 연주회장에서 각기 다른 소리를 내면서 살아왔다. 그리고 마침내 그 소리가 모여 화음으로 퍼져나가는 순간……. 그 순간 역시 우리 마음에 위안을 주는 악기 못지않은 보물일 것이다.

어디선가 본 듯한

　사람을 만나다 보면 종종 특별한 경험을 하게 된다. 처음 본 사람인데도 이미지나 말투, 심지어는 체취까지도 어디선가 보고 듣고 맡은 듯하다. 흔히 가 보지 않은 곳을 가 본 것처럼 느끼는 현상을 데자뷰라고 한다. 그런데 이건 상황이나 장소에만 해당되는 말이 아니다. 사람에 대해서도 비슷한 기분을 느낄 때가 있다. 심지어는 한국 사람도 아닌 외국인인데도, 마치 과거 언제쯤인가 그 사람을 만난 것 같다.
　물론 생김새가 비슷해서 그럴 수도 있지만 대다수는 그 말고도 마음에 남는 무언가가 있다. 외적인 공통점뿐만 아니라 품성이나 사람

됨됨이까지 어디선가 보고 겪은 듯한 느낌이 드는 것이다. 그럴 때는 '도대체 저 사람을 언제 만났기에……. 아니, 만나기는 했나?' 하는 생각 때문에 머리가 복잡해진다.

이처럼 감각적으로 내 마음에 들어오는 사람은, 당연하지만 더 가까워지고 싶은 마음이 든다. 그에게 끌리는 것이다. 심지어는 이렇게 묻고 싶기까지 하다.

"언젠가 당신을 만난 적 있습니다. 당신은 모르겠지만, 우리는 과거에 친구가 아니었던가요?"

실제로 우리는 지하철에서도, 버스 안에서도, 공원에서도 우연히 이런 인상을 풍기는 사람들과 만나게 된다. 전혀 뜻밖의 장소와 시간에서 말이다.

대학 다닐 때, 한 여학생을 좋아했다. 그때도 그랬다. 그녀를 좋아하게 된 결정적인 이유는 어떤 이미지 때문이었다. 처음 본 순간, 어디선가 만난 것 같은 느낌이 들었다. 그리고 나중에서야 나는 그 이유를 깨달았다. 그녀의 미소는 국사 교과서의 반가사유상 미소를 닮아 있었다. 나는 가끔 그녀가 웃는 모습을 바라보다가 그 미소의 끄트머리를 발견했고, 거기에 마음이 끌렸다. 그리고 그 느낌이 좋아 그녀 뒤를 쫓아 다녔지만 결국 퇴짜를 맞았다.

우리가 운명적이라고 믿는 남녀 간의 끌림은 실은 호르몬의 영향이라는 연구가 있는데, 내 경우도 그랬는지도 모른다. 그땐 어마어마하게 젊지 않았는가. 어쨌든 이 같은 데자뷰가 낯선 사람을 익숙한 이미지로 바꾸어 놓는 것은 사실이다.

　오래 전 어느 봉사단체에서 잠시 활동한 적이 있는데, 거기서 만난 사람 중에 유독 기억에 남는 친구가 하나 있다. 그는 무척이나 친화력이 강한 사람으로, 처음 만난 이에게도 마치 오랜 친구처럼 자기의 비밀을 털어놓곤 했다. 대인관계에서 수줍음을 타고, 지레 겁을 먹곤 하던 나는, 오히려 그가 가까이 다가오자 여간 부담스럽지 않았다. 하지만 그는 넉살 좋게도 이런 저런 화제를 꺼내며 말을 터 왔다. 그리고 그렇게 얘기를 나누다 보니 어느새 우리는 친구가 되어 있었다. 우연히 만나서 필연적인 사이가 된 셈이다.

　특히 사교적인 사람들이 있다. 심지어는 만나는 모두를 형제처럼 대하는 사람도 있다. 나로서는 엄두도 내지 못할 일이다. 나의 경우는 다른 사람과 가까워지려면 서로 상당히 많은 것을 알아야 한다. 첫 만남에서 끌리게 되는 경우는 좀처럼 없다는 뜻이다. 또 나는 그것이 영 어색하기만 하다. 친구를 많이 사귀려면 덜렁거리기도 하고 앞에 나서기도 해야 하는데 아무래도 그렇지 못한 성격 때문인가 보다.

　생각해 보면 나와 비슷한 사람을 어디선가 만난 것 같기도 하다. 자기 내면에 있는 또 다른 자신, 보다 적극적이고 진취적인 자신을 끌어내기 힘들어하는 사람 말이다. 물론 우리 자아는 사회적으로 훈련되기도 한다. 내면의 다양한 부분들이 어느 다른 면과 어울려 새로운 형태의 자아를 구성하기도 하고, 밀어내기도 하면서 발전한다. 가끔씩 나는, 내가 생각하는 나와는 전혀 다른 또 하나의 나를 생활 속에서 불현듯 발견하고는 깜짝 놀란다. 내 내면의 데자뷰를 목격하게 되는 셈이다.

마찬가지로 어디선가 본 듯한 누군가를 가만히 살펴보면 나와 비슷한 부분이 보인다. 무의식적인 데자뷰란, 어쩌면 내 내면에 숨겨진 또 다른 나를 만나게 되는 일일 수도 있다. 자신도 모르는 무한한 미지의 자아는, 칭하자면 내면의 타인, 또는 '내 안의 친구'인 것이다.

그렇다면 나는, 40여 년 넘게 살아오면서 진정한 내 안의 '나'를 만났는가? 혹시 데자뷰를 느꼈던 누군가를 통해 또 다른 나를 본 적은 없는가? 그렇다. 내 안에 숨겨진, 내 진면목을 보여 주는 또 다른 내가 있다면 더 늦기 전에 그를 친구로서 만나야 하리라. 나와 가장 친숙한 '나'라는 친구를 타인으로 놓아두다니, 특별하고 귀한 우정을 방기하는 꼴이 아닌가.

어디선가 본 듯한 친구. 사실 그는 공원에도, 지하철에도, 슈퍼에도 있다. 하지만 가장 가까운 우리 내면에도 존재한다. 그렇다면 당신은 혹시 그가 부르는 소리를 들어 본 적이 있는가? 쉴 새 없이 내 이름을 부르며, 나의 잠을 일깨우고, 나와 친구가 되고자 애쓰는, 또 다른 당신 말이다.

곁에만 있어도 푸근한 친구에게

　죽을 때까지 함께 할 수 있는 친구가 있다면 얼마나 좋을까. 힘들 때 기꺼이 용기를 북돋워 주는 친구가 열 손가락에 찬다면……. 크게 웃으면 바보처럼 보일까 걱정하지 않아도 되고, 너무 가깝게 굴면 속없어 보일까 거리를 두지 않아도 되는 그런 친구 말이다. 무슨 말을 할 때 으레 조심부터 하는 대신, 편하게 인생 얘기를 함께 나눌 수 있는 친구, 함께 길을 걸으며 우스갯소리도 하고, 아이들 크는 얘기도 하고, 늦가을 떨어지는 낙엽에서 오히려 희망을 찾고 껄껄 웃을 수 있는 친구가 있다면 얼마나 좋을까.
　폭풍우 몰아칠 때 서로의 어깨를 붙잡아 주고, 외로운 상갓집에서는 함께 밤을 지새울 수 있는 친구. 그 친구가 내게도 좋지만, 나 역시 그 친구에게도 좋을 수 있는, 그런 사람이 있다면.

　나이 들면서 이제는 처신도 조심하게 되고 사람 구실에도 익숙해졌지만 정작 마음은 쭉정이처럼 공허할 때가 있다. 이럴 때, 삶의 굽이마다 진심어린 감동을 함께 나눌 수 있는 친구가 있다면.

　때때로 이 같은 친구를 손에 꼽기도 어렵다는 생각이 들 때면, 스스로가 가파른 줄 위에 선 광대처럼 느껴진다. 나야말로 홀로 들판에 선 허수아비 신세는 아닌지 두려워진다. 이 한 세상 태어나 허물없는 친구 하나 두지 못한 사람, 고운 마음 하나 드리우지 못한 사람. 그게 바로 나는 아니었던가.

　비단 나뿐만이 아니라 많은 중년들이 이런 염려 속에서 살아가고 있을 것이다. 잔뜩 주름진 인생, 이 빠진 그릇 같은 인생 언저리에서 불안에 떨면서 말이다. 평생 간직할 친구 한둘 두기도 어려운 게 인생이라는 것을 이제서야 희미하게 깨달아 가는 것이다.

　생활은 때때로 무섭고도 무거운 덫과 같다. 생활의 무게는 무엇이든 자석처럼 빨아들이는데 나는 지금 어디로 가고 있나, 과연 나는 인생의 어느 길목에 들어서 있는가, 궁금하기도 하다. 이럴 때 손잡고 함께 나아 갈 친구는 있는가. 그간 무얼 하며 살아왔던가. 이런 질문을 스스로에게 던질 때면, 겨울 하늘에 걸린 파란 초승달처럼 마음도 절반 넘게 동강난 듯하다. 저 초승달은 언제 다시 차오를까, 하는 절박한 기분이 든다.

머릿속에는 대학 친구, 시골 친구 몇이 후딱후딱 스쳐 지나가고, 그래도 그 녀석 정도면 나를 잊지는 않았겠지, 마음으로 위안하기도 한다. 그래서 언젠가는 그들과 함께 연탄불 앞에 끓는 찌개를 올려놓고 소주잔이 넘치도록 서로를 품어 안을 수 있겠지, 하며 스스로를 도닥인다.

얼마 전에는 양수리에 사는 친구를 찾았다. 그 친구는 이십 년이 지난 지금도 변한 것이 없다. 밭에 심은 푸성귀처럼 털털하고 흙내까지 물씬 묻어나는 친구다. 그는 십 년 전 도무지 도시 생활은 맞지 않는다고 감히 서울을 버리고 이곳에 내려왔다. 서울에서 학원 강사를 했는데 더 야무지지도 못하고, 더 악착같지도 못하고, 더 잔머리를 굴릴 수도 없어서, 도무지 자기는 성공 같은 건 못하겠다고 짐을 쌌던 친구다.

그때 나는, 그가 경쟁에서 밀렸다고 생각했다. 그런데 지금은 오히려 그가 승자라는 생각이 든다. 그 친구 앞에만 서면 가슴 뭉클한 사람 체취를 맡을 수 있으니 말이다. 그렇다. 바로 저런 것이다. 예전까지만 해도 나는 적어도 내가 남들만큼은 살고 있다고 자부했다. 세상에 그리 부러울 것 없다고 확신했는데, 지금 이런 질투가 나다니 알다가도 모를 일이다.

친구는 서울에서 아이들 가르치던 가닥을 잃지 않고 가끔 시골 아이들 훈장 노릇을 한다고 했다. 주말 교회에서 '숲 이야기'를 가르친다고 했던가.

그 친구의 검게 탄 얼굴이 오히려 예뻐 보이는 건, 나도 이제 인생 끝자락을 넘겨 보고 있기 때문일 테다. 인생이란 무릇 자연을 닮아간다는 것을 아는 나이가 되었다는 말이다.

"이 푸성귀들도 말이다, 저들끼리 몸 부비며 살더라. 벤 곳을 솎아내고 나면 한동안 서 있는 꼴이 영 기운 없어 보인단 말이지. 부대끼며 살면 더 꼿꼿하게 자라니 알다가도 모를 일이야……."

친구가 밭고랑으로 들어서며 한두 마디 던졌다. 스쳐가는 말이지만, 나는 그가 무슨 뜻으로 그 얘기를 했는지 알고도 남는다. 서울에서 복작대더라도 잘 살라는, 몸 부비고 사는 푸성귀는 이 땅 어디에도 있다는 그런 얘기 아니겠는가.

내가 성공이라는 미신을 좇아 살 때도, 그는 이 교외에서 인생의 의미를 누리며 살았다. 그는 이 시대에 몇 남지 않은 낭만주의자인 셈이다.

"뭐? 내가 낭만주의자라고?"

친구는 대뜸 반박한다.

"절대 안 그래. 여기도 사람 사는 곳이야. 나도 농협 가서 돈 빌려야 하고, FTA 반대 시위에 나가야 하고……. 다들 사는 게 그래. 뭘 하든 버텨야 하는 거라구. 내 옆에 있던 사람이 채소처럼 뽑혀 나가도 말이야."

물론 그라고 해서 왜 고생스러운 일이 없겠는가. 하지만 내게는 그가 더 없이 푸근하게 느껴졌다. 그는 내가 뿌리박아야 할 곳이 어딘지를 알게 해 준 이 시대의 진정한 농부이기 때문이다. 이제 그는 이렇게 농사꾼으로 살아가면서, 농사꾼으로 저물어 가고 있었다. 그런데 문득 이런 생각이 드는 건 왜일까.

   그는 채소 심을 땅이라도 있다. 그렇다면 나는, 이 빈 손으로 무얼 지으며 살아야 하나.

마음과 마음 사이 1센티미터

가까운 벗들과 한자리에 모여 근황을 묻는다. 생활에 지쳐서 그런지, 사는 데 이골이 나서 그런지, 다들 대답이 시원찮다. 이를테면 뻔한 걸 뭐 하러 묻냐는 식이다.

"다 그렇지, 뭐. 별 거 있나?"

답도 예상대로 뻔하다. 퉁명스러운 대답 한마디만으로도 서로 사는 모습을 이해할 만한 나이가 됐다는 뜻이다. 시간이 참 많이도 흘렀다. 친구들 말마따나, 사는 게 뭐 그리 특별한 건가. 특별한 일도 시간이 지나면 일상에 묻혀 버린다. 뾰족한 수는 없어도, 잘나가는 쾌가 없어도, 그냥 탈 없이 살아가면 되는 게 인생일 때도 있다.

사실 우리 삶에서 생기는 문제는 대다수 뻔하다. 갑자기 사고가 나거나 경제적으로 견디기 어려운 상황에 빠지지만 않는다면 그다지 위험할 것이 없다. 친구들이나 나 특별히 큰 욕심을 내는 것도 아니다. 때로는 갈등과 욕망에 휩싸이지만, 그것이 인생을 송두리째 흔들 만큼 큰 문제로 비화되는 경우는 드물다. 적어도 모두들 남들처럼 평범한 생각으로 평범하게 살아가고 있기 때문이다.

누군가 나와는 다른 삶을 살고 있는 것을 보았다고 치자. 예전에는 '저 사람, 신기하네.' 생각했을 것이다. 그러나 이제는 그러려니 체념도 하고, 타협도 한다. 또 때로는 그것이 독이 되기도 한다. 늘 누군가를 만나면서도 그 사람 마음 깊이 들어가지 못하고, 누군가와 어울리면서도 그저 해 온 방식대로 대하는 것. 그것이 지금 우리의 모습인지도 모른다. 심지어는 친구를 만나도, 그 사람과의 관계를 자기 삶의 일부로 인식하지 않는다. 이것은 다들 알고 보면 비슷비슷하다.

이렇게 된 데에는 분명 이유가 있을 것이다. 살다 보면 집착까지는 아니지만 왠지 사람 때문에 속상하고 번민하게 된다. 이상하게도 만나면 만날수록 허전함만 가득해진다. 나이가 들어서 더 그런 걸까. 사람 속에 오래 있다 보면 오히려 서로를 잊고 살게 되는 걸까. 다들 주어지는 관계를 두 팔 벌려 껴안으면서도, 거기에 특별한 의미를 부여하지 않는다. 잊고 살다가 어느 순간 되짚어 볼 때, 그나마 몇몇 친구들만 곁에 있어 주면 족하다고 생각한다.

아마 나이 탓이라고 말하는 사람도 있을 테고, 다소 자기위안이긴

하지만 갱년기에 호르몬 분비가 줄면서 생기는 심리적 위축 때문이라고 말하는 이도 있을 것이다. 예전보다 고독한 시간은 길어지고, 심지어는 드라마를 보며 혼자 눈물을 흘리는, 전에 없던 대사건이 일어나기도 한다. 어떻게 보면 중년 초입이야말로 전에 없이 많은 사람들 속에 있으면서도 외로움은 더 깊어지는 시기가 아닐까. 다들 유쾌해 보여도 속으로는 곪아가고 있는 건 아닐까.

"요즘엔 친구가 뒤바뀌는 시긴가 보더라. 주변 친구들이 완전히 물이 갈렸어."

"친구가 뒤바뀐다니?"

내게는 알쏭달쏭하기만 한 얘기였다. 좀 자세히 이야기해 보라고 했더니, 나보다 나이 많은 친구인 김형은 엉뚱한 주장을 편다. 주변을 살펴보니 새로운 사람을 만나는 일정한 패턴이 있더라는 것이다. 물론 어떤 사람하고는 친구가 되고 어떤 사람과는 타인으로 남지만, 친구가 바뀌는 시기가 꼭 있다고 했다. 회사를 떠나면서 끈을 놓쳐 사귀던 친구와 멀어지기도 하고, 개인적인 변화가 생기며 더는 만나기 어렵게 된 친구들도 있단다.

그렇다. 맞는 얘기다. 세상에 휩쓸리는 우리 나이쯤 되면, 의도적이지 않게 친구를 잃게 된다. 흰머리가 늘어나고 주민등록증 앞자리 수가 먼 시대의 유물처럼 느껴지는 시기가 되면, 과거 함께 했던 시간만으로는 관계를 유지하기가 어려워지는 것이다. 그러다 보면 생각도 바뀌고, 혹은 사회적 위치가 달라져 친구와 이별하기도 한다.

김형은 원치 않아도 그런 일은 얼마든지 벌어진다고 말한다. 자신도 그랬다는 것이다.

하지만 한편으로는 바뀐 환경과 어울리는 새로운 친구를 사귀기도 한다. 김형의 말에 의하면, 사실 친구를 잃거나 만나는 것은 모두 자기 하기 나름인데, 우리 나이가 되면 주어진 환경 때문에 이런 '물갈이'를 겪게 된다고 한다. 덧붙여 그는 예전에는 죽고 못 살았던 친구들도, 이런 저런 이유로 연락하기 쉽지 않다고 했다. 얘기를 듣다 보니 나만 해도 1년에 채 한 번도 못 만나는 휴면 친구들이 적잖았다. 어떤 친구들은 만난 지 너무 오래됐다는 생각이 드는 순간, 가슴 한 구석에 쓸쓸한 가을바람이 부는 것 같았다.

마음의 거리는 채 1센티미터도 되지 않거나, 아니면 영원히 닿을 수 없는 것인지도 모른다. 하지만 결국은 내 마음과 상대의 마음이 만나는 바로 그 지점에서, 관계가 생기고 우정이 자라난다. 예전엔 1센티미터 떨어져 있던 친구가 지금은 너무 멀리 떨어져 있다는 걸 깨닫고 슬퍼지기도 한다. 반면 측량 불가능한 거리에 있던 타인이 어느새 친구가 되기도 한다. 김형의 말마따나, 나도 친구가 변하는 시기를 맞이하고 있는지 모른다.

사회 생활에서는 밥을 나누는 사람은 있어도, 마음을 나누는 사람은 많지 않다. 아마 우리 대다수가 주변의 직장 동료들을 이 범주에 두고 있을 것이다. 그러나 서로를 생각하는 마음 씀씀이가 너그럽다면 그냥 알고 지내던 사람과도 친구 사이로 발전할 수 있다. 환경이 교우관계에 영향을 미치는 셈이다. 그러니 누가 앞으로 내 친구가 될지 궁금할 수밖에 없다.

우리는 사람을 만날 때 다양한 방법으로 그 사람과 나의 거리를 재 본다. 이때 관계의 거리가 생활의 거리와 꼭 일치하는 것은 아니다. 그 거리를 결정하는 것은 어디까지나 당사자들이기 때문이다. 그런 면에서 이것도 환경이라고 부를 수 있겠다.

즉, 두 사람이 어떻게 하느냐에 따라 그 관계도 달라진다. 나는 김 형에게 요즘에는 어떤 친구를 만나느냐고 물어 보았다. 그의 대답은 이랬다.

"알면 알수록 모를 것 같은 친구. 살면 살수록 새로운 면을 보게 되는 친구. 닿으면 닿을수록 가까이도 아니고, 멀리도 아닌 곳에서 나를 등대처럼 비춰 주는 친구. 뭐 그런 친구인 것 같아."

김형의 얘기를 들으며, 그나저나 우리도 서로 싫어지면 어떻게 하나 생각했다. 하지만 단언컨대 우리 마음의 거리는 아직 건재하다. 다만 김형도 나도, 우리가 어느 거리에 머물러 있는지 몰라 때로 서로를 재 보고 싶어 그러는 것인지도 모른다.

친구의 무덤을 찾아

    누구에게나 어린 시절, 친구들에게 놀림 받고 주눅 들어 있던 친구에 대한 기억이 하나쯤은 있다. 이제 나, 학창시절 가장 못나서, 그래서 늘 외로웠던 친구 하나를 찾아 가리라. 그를 만나 내 작은 행동이 주었을 상처를 뒤늦게나마 보듬어 주고, 가슴 깊이 우러나는 한마디로 사과하리라.
    "친구, 미안했네. 본의는 아니었어. 그땐 내가 너무 어렸어. 용서해 줘."
    한마디로 천 냥 빚을 갚고, 훨훨 가벼워지리라.
    세상에 무수한 사람이 있었으나, 너와 맺은 인연이 결코 작은 것이 아니었음을 알았노라고 고백하리라. 이 못난 친구가 머리 희끗해져 이제야 찾아 왔다고 거친 손 내밀어 보리라.

나, 언젠가 죽은 친구의 무덤가 찾아가 뜨겁게 눈물 흘리리라.

네가 없어서 늘 마음 한구석이 허전했다고. 이렇게 아플 줄 알았더라면 너 살아 있을 때 더 잘해 줄 것을, 그러지 못해 미안하다고, 소주 한잔 뿌리며 푸릇한 뗏장이라도 어루만지리라. 이런 저런 얘기 건네면서 하루 해를 그 무덤가에서 보내리라. 함께 했던 즐거운 추억을 떠올리고, 속없이 놀려댔던 부끄러운 날들을 떠올려 얼굴 붉히며, 그렇게 한나절을 보내리라.

보다시피 사는 게 이 모양이지만 이제야 나도 세상살이를 좀 알게 됐다고, 그간 편히 누워 있었냐며 해 질 무렵 어둠을 빌어 나직한 음성으로 말하리라.

너는 정말 용감했지. 살아생전 정말 무던했지. 남들은 쉽게 화낼 만한 일에도 꾹 참고 헛기침을 했지. 또 살아 보겠다고 펄펄 뛰던 시퍼런 나이에는 누구보다도 열심이었지. 그런 네가 이제 땅에 누워 푸른 하늘을 바라보고, 구름을 쫓고, 먼 시간 너머 산다는 것을 생각하면 목이 메어 온다고. 그래서 이 자리에 와 있다고, 속삭이리라.

때로 장마 지면 네 무덤이 걱정되고, 때로는 산에 올라 목청 함께 내지르던 너를 떠올린다고, 나 이렇게 혼자지만 아직 살고 있다고, 속속들이 얘기하리라. 시시콜콜한 이야기들 해 지도록 주섬주섬 늘어놓으리라. 속 썩이는 자식들, 바가지 긁는 마누라, 직장에서 겪은 힘든 일들, 늙는 게 겁나는 속내, 못마땅한 세상일들, 나도 머지않았다는 엄연한 사실조차 낯가리지 않고 털어 놓으리라.

그러다가 해가 저물 무렵이 되면 너는 혹시 메아리가 아니었냐고, 등산길에 내가 소리치면 울려 퍼지던 그 아련한 메아리가 혹시 너 아니었냐고 물어 보리라. 때론 허수아비처럼, 때론 넘겨볼 수 없는 산과 같이 그렇게 서 있던 그 사람이 바로 네가 아니었냐고 소리쳐 보리라.

그래도 저승이라는 곳이 있어 그곳에서 다시 만나면 얼마나 기쁘겠냐고, 두 손 잡고 덩실 덩실 춤이라도 출 수 있지 않겠냐고, 친구의 무덤에 엎드려 웃음 지으리라.

그렇게 친구의 무덤가를 찾아가 하소연하리라.

그러다가 문득 우리 같이 지냈던 순간들을 떠올리면서, 그때 생각 나는가 하고 물어 보리라. 더운 여름 날, 동네 처자들 멱 감는 걸 숨어서 훔쳐보던 기억, 수박 서리를 하다가 고무신을 꿰차고 줄행랑을 치던 기억, 불을 지펴 생콩을 구워 먹고 검댕 묻은 입 언저리를 서로 쳐다보며 웃어대던 기억, 빳빳한 새 교복 입고 나란히 도회지 중학교로 입학을 했던 그 시절에 대해서 말이지.

쓸데없는 소리 한다고 누가 흉본다 한들 친구에게 밤새도록 옛 이야기를 들려 주리라.

석양 끝자락이 서서히 시작되면, 우리 인생이 저와 같아서 너는 해가 중천일 때 떠났으나 나는 지는 해를 바라보며 앞으로 살아갈 날들을 꼽고 있노라고, 그렇게 숨김없이 말하리라. 내가 찾아 왔으니 오늘은 새 소리 바람 소리만 듣지 말고, 내 얘기도 들어 보라고 그렇게 무덤 언저리 다독이며 말하리라. 나 이 길로 내려가면, 어디 담벼락 기대어 가며 집에 닿을지 모르겠다고 말하리라.

친구 앞에서 한없이 약해지리라. 말로는 곧 찾아오마, 다짐해 놓고 이렇게 찾아오는 데 꼬박 십 년이 걸렸다고 참 섭섭했을 친구에게 미안하다고 하리라. 자네를 향한 발걸음이 쉽게 떨어지지 않아도 마음은 늘 한결 같았다고 말해 주리라.

나 언젠가 그 바보 같았던 친구에게 가 보리라. 내 나이 들어 세상을 알고, 사람을 알고, 인생이 뭔지 조금은 알 듯하니, 벌써 해질녘이 다가오고 있다고 말해 주리라. 내가 잠든 곳, 내 마음이 깃든 곳, 내가 바라보는 세상 아름다운 풍경들이, 자네와 함께 했을 때와 어찌 그리 똑같을 수 있는지 너무 신비롭다고 말해 주리라. 내가 머무는 곳, 내가 언젠가는 찾아야 할 곳이 자네와 함께 했던 천진무구하던 시절, 그곳이 아니겠냐고 나직이 속삭이리라.

우리 한 시절이 끝나 다시 만나면, 이번엔 친구 아니면 부부로라도, 아니 부모 자식으로 만나도 나쁠 것 없으리라고 말하리라. 까까머리 무덤 어루만지며, 소주잔 기울이며 나 친구에게 속삭이리라.

무덤 속 나를 보리라. 그를 찾아가 만나리라.

2장
친구가 있어 참 좋다

내 인생 사연을 침묵으로도 알고,
생활이란 게 만만치 않은 걸 알기에
그냥 막소주를 들이켜도 편한 사이.
그런 친구를 만나 인생의 마지막까지
함께 갈 수 있다면……

친구란 무엇인가

친구란 무엇인가?

아주 쉬우면서도 어려운 질문일지도 모르겠다.

친구는 우리에게 여러 가지 영향을 미친다. 가장 먼저 친구는 나를 내가 몰랐던 다른 존재로 변화시킨다. 많은 사람들이 친구를 통해 그동안 알지 못했던 새로운 세계를 발견한다. 친구를 통해 스스로를 바꾸어 나간다는 뜻이다. 즉 우리는 인간적인 교류를 통해 그의 모습을 닮아가고, 그 또한 나를 닮아간다. 서로 간에 동질화 현상이 발생하는 것이다.

그만큼 친구는 우리 인생에 적지 않은 영향을 미친다.

그런가 하면 친구는 내가 나일 수 있도록 북돋아 주는 존재기도 하다. 내 정체성을 일깨워 내가 나를 인식하도록 도와주는 사람이라는 의미다.

그렇게 친구와 친구는 서로 변하고, 발전하며, 성장해 간다. 그러나 그 상호작용이 잘못 이루어지면 두 사람 모두 피폐해지고, 망가지기도 한다.

그렇다면 이제껏 우리는 이처럼 중대한 영향을 미치는 친구 관계에 대해 근본적인 질문을 던져 본 적이 있는가?

그와 만날 때 나는 행복한가? 편안한가? 발전해 가고 있다고 느끼는가? 아무 대가 없이 도움을 주고받고 있는가? 그러고도 불편함을 느끼지 않는가?

우리는 친구를 만나기 전에 이 같은 질문에 자연스럽게 답할 수 있어야 한다. 하지만 많은 이들이 그저 별다른 생각 없이 타인과 친구라는 이름 아래 지낸다. 만일 그 관계가 무언가 부족하다고 느껴지면, 그래서 좀 더 발전적인 관계를 원한다면, 이제는 그가 또다시 타인으로 멀어져 버리기 전에 물어 봐야 한다. 우리 사이의 근본적인 문제는 무엇인가를.

그를 모르고, 나를 모르는 상황에서는 평생 우정이 생겨날 수 없다. 우정은 질문을 던지는 것이다.

그리고 상대의 질문에 대한 답은, 내 삶으로 보여 주는 것이다.

좋은 순간뿐만 아니라 위기까지도 함께 할 친구가 있다면, 인생에서 헤어날 수 없는 역경 따위는 존재하지 않는다. 영원히 벗어나지 못할 좌절도 없다. 무슨 얘기를 하든, "아, 네가 이런 상황에서 이런 얘기를 하고 있구나. 무엇을 도와주면 되겠니?" 하고 관심을 보여주는 친구는 인생에서 가장 큰 힘이다.

진정한 우정은 서로 간의 신뢰에서 생겨난다. 오래도록 만났지만 기본적인 신뢰감조차 가질 수 없다면, 그 우정은 단순한 면식에 불과하다.

인생에서 참다운 친구는 상호신뢰의 목록을 공유하는 사람이다.

그대는 이 같은 사람을 갖고 있는가?

모함을 받고 도망자 신세가 된 사람이 있었다. 결국 그는 가장 친한 친구 집을 찾았다. 그러자 그 집의 부모님이 아들에게 "너도 잡혀가려고 작정했구나?"라며 호통을 쳤다. 결국 친구는 부모의 질책에 못 이겨 자신의 집을 찾아온 친구에게, 처지는 이해하지만 즉시 떠나달라고 부탁했다. 도망자 친구는 단 하루만 몸을 숨길 수 있도록 도와 달라고 부탁했지만 이 친구는 끝내 그것을 거절했다. 두 사람은 그 일이 있은 후로 다시는 만날 수 없었다.

20년이 지난 어느 날, 두 사람이 우연히 같은 자리에서 얼굴을 마주쳤다. 예전의 도망자 신세였던 친구는 이제 정계의 존경 받는 인사가 되어 있었다. 두 사람은 서로 악수를 하고는 겸연쩍게 각자 자리에 앉았다. 그날 두 사람은 단 한마디도 나눌 수 없었다. 20년 전의 그날 밤 이후로, 이미 너무 멀어져 버렸기 때문이다.

이해할 수 있는 것과 받아들일 수 있는 것과의 차이는 하늘과 땅만큼 크다. 친구를 사귀는 것은 때로는 위험을 감수하겠다는 서약이기도 하다. 두려워하거나 손해 본다는 느낌을 받을 필요는 없다. 친구란 그런 위험에도 불구하고 충분히 내 영역으로 들여놓을 만한 가치 있는 존재이기 때문이다.

친구라는 존재 없이는, 우리는 이 땅 위에서 서로 영원히 타인 내지 이방인으로 남게 된다. 만일 상대와 나의 우정의 깊이를 시험해 보고자 한다면 위험한 상황에서 그를 찾아가 보라. 그가 나를 어떻게 대했는지, 나는 어떤 자격으로 그를 찾아갔는지가 당신들 우정의 깊이를 말해 줄 것이다.

그러나 한 가지 더 중요한 것은, 만일 그에 대한 믿음이 견고하다면 섣불리 그 우정을 시험하려 들지도 말아야 한다는 점이다.

기분 좋은 초대

"너를 친구로 초대한다."

누군가로부터 이런 말을 듣게 된다면 어떨까.

일단은 좀 건방지다는 생각이 들 테고, 어떤 경우엔 감격스럽거나, 무덤덤할 수도 있을 것이다. 그것도 아니라면 그건 어디까지 네 생각이지, 하고 탐탁지 않게 생각할 수도 있다. 그러나 어쨌든 상대가 마음을 열고 이런 얘기를 해 준다는 것은 그 자체로 대단한 용기며, 듣는 이에게는 기분 좋은 일이다. 그는 거절당할 위험을 감수하고 자기 마음을 드러낸 것 아닌가.

우리는 친구를 사귀기를 굉장히 쉽고 흔한 일이라고 생각한다. 그래서 타인을 친구로 받아들이는 일에도 익숙하다. 특히 젊은 사람들에게 새로운 친구를 사귄다는 건 그다지 신기한 일이 아니다. 하지만 나이가 들면 누군가의 친구가 되어 주거나, 친구를 만나는 일이 점차 어려워지는 것을 느끼게 된다.

실제로 우리는 스물다섯 살을 전후로 친구 만드는 능력이 현격히 떨어진다. 친구가 절대적인 요소는 아니라고 생각하게 되어서인지, 혹은 친구가 없어도 살 수 있기 때문인지 많은 이들이 외로움 속에서 고독한 삶을 꾸려간다. 그만큼 마음을 열기가 쉽지 않고, 사는 게 각박하다는 뜻이다.

이처럼 나이는 친구를 사귀는 능력에 어느 정도 영향을 미치지만, 또 가만히 살펴보면 젊어서나 늙어서나 타인을 친구로 받아들이는 일은 늘 일어난다. 인간은 저 먼 선사시대부터 자연과 투쟁하며 삶을 지켜 왔다. 그 시대의 인간들은 다른 사람, 또는 물체에 다가가는 것을 두려워했다. 그래서 자신의 영역 속에서만 살았고, 혼자만의 주거지를 만들었다. 그리고 이처럼 인간이 오직 자신만을 둘러싼 환경에 적응하며 살아왔다는 것은, 다른 환경들에 대한 두려움을 애써 외면해 왔다는 이야기가 된다.

하지만 시간이 흐르면서 인간들은 움츠리고만 있지는 않았다. 그들은 이번에는 자발적으로 새로운 사람이나 물체에 다가갔고, 그렇게 다가갔기에 결국엔 다른 물체들, 인간들과 위대한 접촉을 할 수 있었다. 그리고 더 나아가 그들은 집단으로 모여 함께 생존하면서 상호 보호 본능을 키워 나갔으며, 그것은 인간에게 그 자신과 세상을 재발견하게 되는 계기가 되었다.

즉 체력적으로 그다지 강인하지 않았던 인간이 오늘날 가장 강력한 이성적 유대를 발휘하는 존재로 거듭날 수 있었던 것은, 오랜 시간 동안 훈련된 동질적 집단에 대한 인지 작용, 상호 접근과 교류, 관계의 확장을 통해서였다. 친구라는 존재를 만들고, 그 전후의 감정인 우정을 가슴속에 키워 내기까지 실로 엄청난 시간이 소요된 셈이다. 즉 인간은 두려움의 대상이었던 '나 이외의 타인'에게 다가감으로써 위대한 결실을 이뤄 낼 수 있었다.

가만히 생각해 보면, 친구와 우정이라는 이 두 단어에서는 이처럼 놀라운 정신적 발사취가 묻어난다.

나는 오래된 친구들을 만날 때면 가끔씩 내가 처음에 어떻게 그들을 알게 되었는가 돌이켜 보고 미소를 짓곤 했다. 학교에서, 우연한 만남을 통해, 갑작스러운 열정으로, 상대가 내 흥미를 자극해서 등등. 어쩌면 나 역시 우연찮게, 혹은 필연적으로 인류의 숨겨진 한 면모를 온몸으로 느끼고 있었는지도 모른다.

이제 나는 그들과, 마음과 정신, 심지어는 생활까지도 함께 나누고 있다. 겉으로 보이는 생활은 물론 내밀한 정신적 영역까지 함께 공유하다니 그야말로 신비롭기까지 하다. 아마도 신은 알았을 것이다. 인간의 나약함도, 더불어 사는 힘만 있다면 얼마든지 극복될 수 있다는 것을 말이다. 그래서 신은 우리에게 놀라운 친화력을 선사해 주었는지도 모른다. 만일 이런 유대감이 애초부터 존재하지 않았다면 과연 지금의 인간 세상이 성립될 수나 있었을까?

실제로 과거에도 그랬고, 지금 시대도 그렇고 많은 사람들이 직장이나 길거리에서, 혹은 시장이나 술집에서 만나 공감을 쌓아 가며 감정의 싹을 틔우고 꽃을 피운다. 또 그렇게 절정의 한 계절을 지나 무덤을 향해 시들어 간다. 얼마나 자연스럽고 귀중한 순리인가.

나 역시 이들과 더불어 60년대를 살았고 이제 2000년의 어느 한 중턱에서 함께 저물어갈 것이다. 적이든 아군이든, 걸인이든, 부자든, 모두가 내 동시대의 친구로 살다 이 세상을 떠날 것이다. 이런 생각을 할 때면, 문득 내 생애가 온갖 경이로움에 휩싸여 있다는 느낌이 든다.

무언가 답답한 일이 있을 때면 지구본을 놓고 돌려 볼 때가 있다. 그럴 때면, 이 세상 모든 사람들이 내 친구가 될 수 있음을 깨닫는다. 그런데도 나는 고작 몇 명을 알다 간다고 생각하면 조금 서글프다. 서로 가까이 다가가 손을 내민다면 실로 모든 사람을 친구로 만들 수 있는 거대한 운명을 움켜잡을 수 있을 텐데, 하는 치기 어린 생각도 해 본다. 그러나 내가 이 생에서 할 수 있는 일이란 내 울타리를 쌓는 일뿐이었으니 정말 답답할 노릇이다.

젊어서부터 배낭 하나 달랑 메고 무던히도 세계를 돌아다닌 친구가 하나 있다. 친구는 틈만 나면 넓고 넓은 세상과 그곳을 가득 채우고 있던 낯선 사람들에 대해 이야기하곤 했다. 그들이 먹고, 자고, 노래하고, 싸움하고, 사랑하는 풍경들에 대해서 말이다.

그렇다. 때로 타인은 영원히 타인으로 남아 내 곁을 스쳐 지나가는 먼지쯤으로 객체화된다. 하지만 그 많은 사람들이 더듬이를 떨며 서로를 부르는 광경은 황홀하기까지 하다. 누가 이런 풍광을 만들어 내고 있는 것일까? 그들은, 타인과의 정서적 교감 속에서 다시 태어나고 있던 것이다.

얼마 전 이사를 했는데, 딸아이가 새 학교에 적응하기 힘들어 하는 것 같았다. 아이의 그런 모습을 보는 부모 마음은 또 어땠겠는가. 나는 아이가 성적이 떨어져서 안타깝거나 한 것이 아니었다. 다만 갑작스럽게 환경이 변하면서 다른 아이들과 어울리지 못할까 염려되었다.

그러던 어느 날 밤, 딸아이가 한껏 들떠서는 우리 부부에게 자랑을 늘어놓았다. 반 아이 중 하나가 생일 잔치에 초대했다는 것이다. 나는 몹시 기뻐했다. 생일에 초대한다는 것은 딸을 친구로 받아들이겠다는 뜻이었다. 우리 집 아이는 그 얘기를 꺼내면서 양 볼에 홍조를 가득 띤 채 행복해 했다. 나 또한 그 얘길 들으며, 딸아이가 남들과 유대를 맺는 과정에 제대로 뛰어든 것 같아 흐뭇하기 그지없었다.

딸아이는 이제 초대를 받았다. 친구로서 말이다. 별 것 아닌 것처럼 보여도 실제로는 대단한 일이다. 누군가가 받아들여 준다는 것, 누구에게 받아들여질 수 있다는 것, 그리하여 나도 기꺼이 누군가에게 다가갈 수 있다는 것, 그것은 결코 아무나 할 수 있는 일이 아니다. 실로 위대함은 다른 곳에 있지 않다.

우정의 주성분

궁극적으로 우리 삶은 두 가지다. 다른 사람과 조화를 이루느냐, 아니면 타인과 나를 분리하고 나만의 세계를 구축하는가. 우리는 매 순간 이 같은 선택에 직면한다. 인생사 대부분 일이 그렇듯이 집중하고 관심을 보이면 그 영역은 더욱 강한 힘을 발휘하게 된다. 그렇다면 우정을 만드는 데 필요한 노력과 집중은 무엇일까?

가장 먼저 자신이 원하는 것이 무엇인가를 생각하고, 그것을 스스로 친구에게 해 줄 수 있어야 한다. 이는 금전적이거나 물질적인 것을 뜻하는 게 아니다. 가장 쉽게 줄 수 없는 것은 바로 '마음' 아니던가. 그리고 그것을 남에게 사심 없이 내어 줄 수 있을 때 상대 역시 그 참다운 의미를 알게 된다. 누군가를 지지해 주고 후원할 때, 또는 우호적인 눈길로 타인을 바라볼 때, 그 타인은 이미 내 친구가 되어 있다. 우정의 주성분, 그것은 바로 타인에 대한 관심과 배려 깊은 태도다.

그렇다면 우정은 심리적으로 어떤 구조를 가지고 있을까? 우정은 극히 미묘한 감정적 반응이며, 그 내부를 관찰해 보면 다음과 같은 특징이 발견된다.

순수한, 친구에 대한 욕구

이것은 누구나 가진 욕구 중에 하나다. 이 욕구는 현실적 이해를 초월한 감정으로, 우리 마음 속에 잠재된 갈망이다.

나를 알아 주는 사람을 친구로 받아들이고자 하는 욕구

흔히 지기知己란 '나를 알아 주는 사람'이라는 뜻으로 해석된다. 사람은 누구나 본질적으로 자신을 타인에게 알리고 싶어 하며, 동시에 나를 알아 주는 사람을 쉽게 받아들이는 습성이 있다.

더불어 갈 수 있는 사람을 원하는 욕구

누군가와 소속감을 가지며 활동하고자 하는 인간 본연의 욕구는 죽을 때까지 변하지 않는다. 소외의 시대라고 불리는 현대에서는 오히려 이런 욕구가 더 강해지는 추세다. 누군가와 무엇을 함께 한다는 것은 나라는 존재의 사회성에 중요한 영향을 미치기 때문이다.

타인을 통해 행복을 증대시키고자 하는 욕구
친구는 가족 다음으로 우리의 행복 지수를 높여 준다. 아무리 고독한 일도, 그 사람과 함께 하면 외롭지 않다.

관계를 맺고자 하는 욕구
우리는 관계 속에 뛰어들어 삶을 살아간다. 친구는 또래의 경험을 공유하고 있다는 면에서 접할 수 있는 가장 가까운 타인과의 관계다.

영향을 주고받고자 하는 욕구
사회적 관계는 우리의 심리에 영향을 미친다. 사람은 누구나 타인의 삶에 영향을 미친다. 또한 스스로 긍정적인 영향의 범주에 들고자 한다. 친구와 나는 서로의 삶에 영향을 주는 사람들이다.

내면을 공유하고자 하는 욕구
아무리 돌 같은 사람도 내면의 생각, 뜻, 의지, 의견을 누군가와 나누고 싶다는 욕구를 가진다. 그리고 이 내면을 열고 싶다는 욕구는 자연스레 친구를 찾는 원동력이 된다. 비밀을 나누는 친구가 더 소중하게 느껴지는 것도 이 때문이다.

이 같은 감정적 기반은 모든 사람에게서 비슷하게 나타난다. 또한 친구를 만나고 싶어 하고 그들과 인생의 상당한 시간을 보내려고 노력하는 이 모든 행위들이 우정의 구조를 탄탄하게 만든다.

세상을 살아간다는 것은, 우리 삶이 홀로 아니라 더불어 사는 것임을 깨닫게 되는 과정이다. 그 중에서도 친구를 만난다는 것은 가장 귀한 일이다. 또한 가장 훌륭한 친구란 삶을 증진시키는 목표를 공동으로 가진 사람이지만, 여기에는 개인적으로 형성된 정리情理 역시 함께 작용한다.

대학을 졸업하고 15년이 훌쩍 지날 무렵, 한 친구를 만났다. 그날 그 친구는 내게 이렇게 말했다.

"너는 정말 똑같구나."

뭐가 그렇게 똑같은지 물었더니, 대부분의 친구들은 다양한 굴곡 속에서 변했는데 나는 그렇지 않다는 것이다. 칭찬인지 나무라는 건지 알 수 없어 더 이상은 묻지 않았지만, 그의 한마디가 문득 내 젊은 시절을 떠올리게 해 주었다.

잔디밭에 누워 시집을 뒤적이고 볼펜으로 아무 종이에다 글을 끄적이던 시절, 최루탄이 희뿌옇게 피어오르던 거리에서 어깨를 걸고 뛰었던 친구들, 그리고 한때 내 곁에 머물렀다가 스쳐 지나간 검은 머리를 질끈 묶은 여학생들.

가만 생각해 보니, 내 청춘에는 그런 것들이 존재했다. 물론 그 시절 나는 모범생도, 똑똑한 학생도 아니었다. 그러나 이 친구는 은연중에 그 무렵 내 모습을 지금에 투영시켜 그때 내 좋은 면들을 새삼 돌이키게 해 주었다. 그리고 그 기억을 떠올리는 것만으로도 나는 행복했다.

사실 그가 그런 말을 한 진의는 상관없다. 다만 그와 나는 오랜 시간이 지났지만 친구로 남았고, 앞으로도 계속 친구로 지낼 수 있다는 것만으로도 만족한다. 그저 서로의 얼굴을 보는 것만으로도 아름다운 기억을 떠올릴 수 있고, 또 그 안에서 무언가를 발견할 수 있다는 것, 그것만으로도 우리의 관계는 증진되고 가지를 뻗는다.

그날 내가, 친구의 변하지 않았다는 한마디를 듣고 두고 두고 감사했음은 두말 할 나위 없다. 그날 나는 우정을 통해, 변하지 않았음으로 변화한 셈이었다.

원**칙**이 있는 곳에 **친**구가 있다

생물학, 물리학, 심리학, 의학……. 참 공부하고 연구해야 할 것도 많다.

그렇다면 '친구학'도 하나의 학문이 될 수 있을까?

가만히 친구와 우정에 대해 생각해 보면, 우정이야말로 실체도 없고, 보이지도 않는, 신비에 가득 찬 무언가라는 생각이 든다. 그러나 그 안에도 어떤 법칙과 공통점은 있다. 서로 잘난 부분만 내세워서는 결코 우정을 쌓거나 유지할 수 없다는 점이다.

두 친구가 있다. 만일 이들이 사사건건 자신의 강한 점만을 내세운다면 곧바로 경쟁 관계로 전락할 것이다. 즉 진정한 우정의 감정이 아니라는 뜻이다.

다소 역설적이지만 우정이란 우리가 가진 나약함에서 출발한다. 자신의 허약한 부위를 들춰서 보여 주고, 서로의 약점을 드러내면서 시작되는 것이다.

철갑으로 무장한 갑옷 차림으로는 결코 타인을 내 세계로 받아들일 수 없다. 대신 고슴도치처럼 날이 선 감정의 바늘을 곤추 세우고 모두를 의심의 눈초리로 바라보게 된다.

때로 우정은 고해성사와 같다. 남들은 모르는 나의 상처를 보여주고, 그로 인해 상처를 치유해 가는 과정 아니겠는가. 그렇다면 친구를 대할 때는 어떤 모습이어야 할까? 이에 대해 옛 성인들은 "가장 귀한 손님을 대하듯이 하라."고 답한다. 그렇다면 현대에서는 어떨까? 여기 몇 가지 원칙들을 보자.

마음을 연다

처음에 마음을 열었다면, 그 다음번에 할 일도 마음을 여는 것이다. 마음의 빗장을 아예 없애 버려라.

무엇이든 좋다. 같이 해 보라

어떤 일이든 같이 할 때 타인도 어느새 친구가 된다. 운동, 집안일, 쇼핑처럼 보통 혼자 하는 일을 할 때 그 친구에게 함께 하자고 초대해 보라. 같이 하면 친근감도 배가 된다.

우정과 도움을 따로 분리해 생각하지 마라

도움을 주면 친구가 생긴다. 주는 자가 결국은 얻게 된다는 것은 만고불변의 진리다. 이는 친구를 사귈 때도 동일한 위력을 발휘한다.

나의 영역에 타인을 받아들여라

친구는 생활과 지적 영역의 일부를 공유하는 사람이다. 따라서 공집합 요소가 분명히 있어야 한다.

친구가 중요시하는 것이 무엇인지를 알아 두어라

친구의 삶에서 특히 중요한 행사, 예컨대 결혼식, 졸업식, 장례식 등에는 꼭 참석하도록 하자. 당신이 거기 있다는 것만으로 그는 안도감을 느낄 것이다.

역학자인 테레사 시먼은 "우리 신체는 갖가지 사회적 유대에 민감하게 반응한다."고 말했다. 하지만 신체뿐만 아니라 정서적 교감과 유대 또한 친구 사이에 중요한 매개체가 된다.

중년을 넘으면 새로운 우정을 만드는 것도 중요하지만 이미 얻은 우정을 방치하지 않기 위해 더 많은 노력을 기울여야 한다. 방목해 놓은 우정은 제 스스로 성장하고 커 나가지 않기 때문이다. 그렇게 하나둘 잃어버리는 우정은 우리의 감정을 늙고 시들게 만든다. 상상해 보라. 아무리 좋은 일이 있어도 함께 기뻐해 줄 수 있는 사람이 없는 노년은 얼마나 쓸쓸할 것인가. 만일 그 쓸쓸함이 싫다면 지금부터라도 해 지는 저녁 무렵에 마당 위에 돗자리를 펴 놓고 한가로운 풍경을 함께 느낄 수 있는 편안한 친구를 사귀어라. 아파 누워 있을 때 따뜻한 손길로 내 손을 붙잡아 줄 수 있는 친구를 사귀어라.

이처럼 친구를 대하는 몇 가지 원칙만 알아도 우리의 인생은 사막을 건너듯 고독하지 않을 수 있다. 삶의 벗은 영원하다. 친구는 신이 내린 선물임에 틀림없다는 생각을 가져라.

깊은 이해

A와 B가 사랑에 빠지게 된 것은 정말이지 우연이었다.

 A는 우연히 일본문화관에 갔다가, 한국에 유학 온 일본인 유학생 B를 만나게 되었다. 지금까지 한일 관계는 늘 역사적 갈등 속에 놓여 있었다. 그래서 A는 B에게 역사 문제를 꺼내 서로 불편해지고 싶지 않았다. 하지만 어쩌다 자연스럽게 얘기를 나누다보니 A는 놀랍게도 B가 한일 역사에 대해 아는 바가 전혀 없다는 걸 알게 되었다. A의 설명에 B는 부정하거나 수긍하는 것이 아닌, 오히려 처음 듣는 이야기라며 놀라는 눈치였다.

 한참 이야기를 나눈 뒤 사실을 알게 된 B는 A에게, 한국과 일본의 역사 때문에 지금 자신과 함께 있는 것이 불편하냐고 물었다. 그래서 A는 이렇게 대답했다.

"그런 것은 아니지만 다만 네가 역사적 사실만큼은 바로 알고 있었으면 해."

그러자 B 역시 대답했다.

"물론 나는 과거엔 이런 사실을 몰랐지만 알게 된 지금은 너의 의견을 존중해."

잠시 후 A는 미소를 지으며, 지금처럼 각자의 생각을 존중하는 것에서부터 시작하면 앞으로 더 많은 것을 공유하게 될 수 있을 것이라고 말했다.

몇 해 전, 지인의 자녀가 일본인 친구와 결혼했다. 그가 바로 A다. A의 어머니는 두 사람이 처음 만나게 된 과정을 이와 같이 설명해 주었다. 이처럼 그들은 상호 존중의 과정을 거쳐 친구가 되었다가, 지금은 부부로 살고 있다. 나는 이 얘기를 들으며 그들의 개인사적 이야기는 물론, 다시는 뒤돌아보지 않을 것처럼 으르렁대던 한일 간에 형성된 이 작은 우정에 많은 관심을 갖게 되었다.

우정은 수많은 선택의 과정에서 생겨난다. 친구를 사귀고 싶어도 만나는 모든 사람과 친구가 될 수 있는 것은 아니다. 다만 상대를 먼저 알고자 하고, 그렇게 서로를 알아가는 과정에서 우리는 그 사람과 친구로도, 연인으로도 발전할 수 있다.

사실 친구는, 많은 장애물을 넘고 이해의 폭을 넓혀 가는 과정에서 만들어진다. 이해의 깊이와 우정은 떼려야 뗄 수 없는 관계다. 만일 누군가를 만날 때 자기주장만 내세운다면 상대는 곧 거부 반응을 나타낼 것이고 발전적 관계 또한 기대할 수 없다.

상대를 친구로 만들고 싶다면, 먼저 스스로 그 사람의 친구가 되어 주면 된다. 진솔한 인간관계야말로 전 인류가 추구하고 사랑하는 보편적 감정 아닌가. 이것을 내면에 지니게 되면, 서로가 상대방의 삶에 기회이자 축복이 되어 줄 수 있다.

물론 A와 B의 사랑이 마냥 순탄했던 것만은 아니다. 하지만 두 사람은 많은 이견에도 불구하고 그것을 현명하게 풀어 나갔다. 우리가 스스로와 타인을 '개개인'이라고 부르는 것은 각자의 생각, 정서가 다르기 때문이다. 한국 내에서도 그런데 한국과 일본, 바다 하나를 사이에 둔 사람들은 어땠겠는가.

그러나 국적을 뛰어 넘어 결합한 이 부부 역시 처음에는 삐걱대던 적이 있었지만, 결국은 각자 지닌 다른 사고와 인식과 경험을 폭넓게 공유해 나감으로써 더욱 가까워질 수 있었다. 처음엔 남남으로, 그 다음엔 서로 다른 역사적 경험과 인식에서 출발한 대화로, 그 다음에는 이해를 동반한 친구 사이로, 다시 부부 사이로, 우정이 단계적으로 발전해 결혼까지 이뤄 낸 것이다.

물론 두 사람이 이런 격차를 해소했다고 해서 그것이 두 민족 간 광범위한 화해로 이어지는 것은 아니다. 실제로 한국과 일본 사이에 화해를 이끌어 내려면 넘어야 할 산이 너무 많다. 이들 간의 관계는 극히 개인적인 것에 불과할 수 있다. 하지만 아무리 적대적인 경험을 나누었다고 해도, 우정은 놀랍게도 그 틈을 비집고 자라난다. 이스라엘의 사람과 팔레스타인 사람이 우정과 동질감을 함께 나눌 수도 있다.

우리는 이런 지금의 상황을 안타까워하기도 하고, 슬퍼하기도 한다. 또 동족상잔의 비극적 경험을 나눈 남북만 봐도 그렇다. 비록 지금은 동떨어진 삶을 살았지만, 같은 형제에게 총부리를 겨눠야 했던 아픔에 대해서는 양쪽 모두 공감대를 가지고 있다. 그리고 그것은 남북이 언젠가는 화해의 손을 내미는 단초가 될 것이다.

우정은 사람 사는 곳 어디든, 어느 부류에서든 꽃필 수 있다. 우정이 인간 감정의 총화이기 때문이다. 세상에는 그야말로 다양한 형태의 감정이 있다. 그것이 때로는 격한 대립을 가져오고, 때로는 뜨거운 인류애적 공감을 형성하기도 한다. 굳이 이 한일간의 결혼 이야기를 듣고 여기에다 아직 진행중인 역사적 대립 감정을 끼워 맞출 필요는 없다. 보편적인 우정의 감정은 그 자체로 소중하다. 다만 두 사람처럼 양국 간의 관계도 불행으로 치닫는 일 없이 상대를 이해하는, 진정한 우정을 나누는 관계로 거듭날 수 있다면 더할 나위 없이 좋을 것이다.

누가 그랬던가? 지금 시대의 모든 문명은 기껏해야 지하 삼백 미터에서부터 만들어진 것에 불과하다고. 하지만 인류애적 우정은 가늠할 수 없는 인간 마음의 심연에서부터 비롯된다. 어쨌든 나는 그 이

후로 A와 B에 대한 얘기를 더 들을 기회가 없었지만 지금도 그들이 잘 사고 있으리라 확신한다. 서로를 이해하는 데 같이 하지 못할 일이 무엇이 있겠는가. 그들은 어느 부부보다도 훌륭한 친구로서 평생 동반자로서 잘 살아갈 것이며, 그러기를 바란다. 커다란 장애물에도 불구하고 누군가를 이해하고 받아들인다는 것은 이미 그 인격이 다른 차원에 도달한 것을 의미하고, 그들은 그것을 해낸 사람들이기 때문이다.

더불어 사는 사람들

우리는 항상 누군가와 유대감을 느끼며 살아간다. 단순한 얘기지만 이것은 고정불변의 진리다. 대부분 사람들은 자신이 생각하는 것보다 남에게 훨씬 더 중요한 영향을 미치며, 이러한 유대 없이는 인간관계를 형성할 수 없다. 우리는 타인과의 연관성 속에서 자신의 삶을 영위하고 자아를 발견한다. 이런 선순환적 구조는 친교나 친구 간의 교류에만 국한되는 게 아니라, 사회 전반적인 교류 속에서 이루어진다.

황폐한 사회를 사는 대다수 사람들은 감정의 식인食人 문화를 가지고 있다. 인육을 먹는 것만을 식인이라고 할 수 있을까? 지금 한국 사회의 가장 큰 문제점도 이와 맥을 같이 하고 있다 해도 과언이 아니다. 경제 불안과 대량 실업, 정치적 대립 등이 지금 우리 사회를 황폐화시키지 않았는가.

내 아는 지인은 이런 한국 사회의 극단적 양태를 가리켜, "서울 시내에만 악에 받혀 몰려다니는 사람들이 삼백만 명은 넘을 거다."라며 통탄한다.

무엇이 문제일까?

정말 쉽고 뻔한 대답이지만 더 이상 이 사회에 상호 이해와 유대감이 존재하지 않거나, 존재해도 굉장히 미약하기 때문이다.

사회적 유대란, 우리가 타인을 통해 커뮤니티의 일원으로서 책무를 다하는 것을 전제로 한다. 이는 공동체에서 자신이 기여할 수 있는 몫이 무엇인지를 자각하는 것을 의미하며, 개인적으로도 남들과의 교류는 생활에 활력을 불어 넣는다. 이러한 유대를 통해 신체적 건강과 정신적 건전함까지 이뤄 나갈 수 있는 것이다. 실제로 사회적 유대를 왕성하게 실천하는 사람들의 특징을 살펴보면 홀로 살아가는 사람들보다 훨씬 더 건강하다는 것을 알 수 있다. 다음은 통계 자료에 근거해 사회적 유대가 강한 사람의 특징을 열거한 것이다.

- 치명적인 병을 이길 가능성이 높다.
- 강하고 탄력적인 면역체계를 갖고 있다.
- 사회적 유대가 약한 사람들보다 대부분 오래 산다.

- 참여함으로써 그가 속한 사회의 발전에 기여한다.
- 개인의 정신 건강이 주변으로 확산된다.
- 생활 안정성이 전반적으로 높다.
- 온순하고 평화 지향적이며 격조 높은 문화를 형성하는 주역이 된다.

누군가와 사귀며 이런 훌륭한 보너스까지 얻게 되다니, 그야말로 즐거운 일이 아닐 수 없다. 유대감은 소속감을 가져오고, 이것이 또다시 사회에 긍정적인 영향을 미친다. 이 모두가 사회 발전의 원동력이 되는 것이다. 만일 불신이 팽배한 사회에 살거나 서로를 몰아대기 바쁜 직장에서의 생활이 전부라면 그는 극히 소모적인 하루하루를 보낼 수밖에 없다. 반면에 소속 단체에 강한 유대감을 느낀다면 오히려 업무 성과나 기여도도 훨씬 높아진다.

조직 분석 전문가들은 무너지는 조직과 성공적인 조직의 차이점을 구성원 간의 강한 유대에서 찾는다. 성공적인 조직에는 신뢰하는 분위기가 널리 퍼져 있고 서로가 같은 구성원임을 달갑게 받아들이지만, 실패하는 조직은 상호 유대감이 없고 이기심만 팽배해 있다. 결과적으로 그런 조직의 구성원은 모래알처럼 의지할 곳 없는 존재로 남고 만다.

구성원들에게 강한 유대감을 줄 수 있는 조직은 공동의 목표에 그만큼 가까이 다가갈 수 있다. 반대로 유대감이 없다면, 불신과 무관심이 치명적인 독처럼 퍼져 조직 전체의 활력을 잠재울 것이다. 결과적으로 조직 전체가 암 세포에 전염되는 셈이다. 이를 개인에 적용해도 결과는 마찬가지다. 남들로부터 심리적으로 격리되고 소외된 사람들에게서는 긍정적인 마인드를 찾기 어렵다. 이들은 왜곡된 정서를 가질 가능성이 높다.

정신적 건강도 마찬가지다. 현재 우리 사회 범죄의 대부분은 정서적으로 궁핍한 사람들 사이에서 일어난다. 이것은 그들이 건전한 유대를 발견하기 어려운 환경 하에 놓여 있다는 것을 뜻한다. 물론 이것이 비단 그들만의 잘못은 아닐 것이다.

그렇다면 오늘날 직장에서 이토록 유대감의 가치가 하락한 이유는 무엇일까?

모르긴 몰라도 외환 위기 이후의 고용불안과 불필요한 무한 경쟁이 만들어 낸 결과일 것이다. 경제적 궁핍은 우리에게 불안감을 안겨 주었고, 그 불안감은 경쟁을 불러왔다. 그 결과 우리는 조직에 대한 기여나 로열티 자체를 상실한 채 살아가기 시작했다.

조직의 진정한 경쟁력은 구성원 개개인이 갖는 소속감, 유대감, 충성도와 같은 보이지 않는 심적 요소들이 함께 작용해 만들어 낸다. 이것은 쉽게 습득할 수도 없고, 모방할 수도 없다. 근래 들어 수많은 기업체가 직원 교육을 실시하는 것도 직무 능력 배양을 키우는 동시에 조직에 대한 유대감을 강화하기 위해서다.

외환 위기 이후, 우리는 이전 시대의 귀중한 조직 문화 유산 중에 하나였던 유대감을 상실하고 말았다. 그리고 지난 10년 동안 상처 받은 마음을 열려면 앞으로 상당한 시간이 필요할 것이다. 아니, 이제는 감정적인 접근을 넘어 해부학적 접근이 필요할지도 모른다. 원인에 대한 철저한 분석과 함께 그에 따른 사회적 합의가 필요하다는 뜻이다. 비록 처음은 아프고 혼란스럽겠지만, 바로 그런 과학적 접근과 해결이 이 사회의 병폐를 치유하고, 보다 긍정적인 미래를 열어가는 계기가 될 수도 있다.

실제로 지금까지 우리는 이런 문제들에 대해 진지한 문제 제기도 하지 않았고, 했다고 해도 대책이 없었다. 사회적 지원도 부족할뿐더러 개인적인 인식도 부족했기 때문이다. 그렇다면 이제는 개별적 개인, 사회 전체가 힘을 합쳐 서로를 감싸 안는 노력을 해야 한다.

그리고 그 시작은 바로 우리가 될 수 있다. 주변 사람들의 소중함을 깨닫고 그들과 더불어 공동체를 만들어 가는 것, 그 자체가 힘이 될 수 있다.

내 힘이 너무 작다고 느껴지는가? 그렇다면 여기서 하나 기억하자. 내가 지금 이 순간 벗과 더불어 할 수 없는 일은 세상 누구도 못해내는 일이라는 점을 말이다.

온 세상 다 나를 버려
마음이 외로울 때에도
'저 맘이야' 하고 믿어지는
그 사람을 그대는 가졌는가

위대한 유산

　친할수록 마음가짐이나 언행을 조심하라는 말이 있다. 서로에 대한 기대와 관심이 잘못된 방향으로 흐를 경우 관계가 끝나 버릴 수도 있다는 뜻이다. 물론 잘못된 기대만큼이나 과도한 기대도 문제다. 심지어 어떤 이는, 우정이란 어렸을 때의 감정일 뿐 자라나거나 발전하지 않는다고 주장한다.
　과연 맞는 말일까?
　어떤 부분에서는 맞는 이야기다. 많은 이들이 우정을 키우거나 발전시키는 일에 소홀하기 때문이다. 그래서 많은 이들이 우정을 청년기 이전에나 갖는 '순수한 감정' 정도로 치부한다. 마치 성장을 멈

춘, 퇴화된 감정의 찌꺼기처럼 말이다.

하지만 삶과 죽음이 교차하는 순간에도 우정은 깊은 감동을 준다. 전쟁터에서 싹튼 우정이나 동지애는 때로 죽음을 뛰어 넘는 놀라운 위력을 발휘한다. 같은 직업을 가진 사람들끼리 느끼는 이해와 우정도 세상을 밝히는 등불이 된다. 어린 시절의 추억을 함께 나눈 친구를 죽는 날까지 계속 볼 수 있다는 것은, 그야말로 보통 행운이 아니다.

우정은 가장 고귀한 인류의 유산 중 하나다. 나를 비추는 거울을 가졌다는 것은 우리를 가장 인간답게 만드는 요소 중 하나다.

내가 아는 영희 누나는, 어린 시절에 멀리 전학을 가면서 헤어진 친구와 오랫동안 편지를 주고받았다. 그리고 그 편지를 통한 우정은 시간과 공간을 뛰어 넘어 사십여 년이나 이어지고 있다. 지금도 두 사람은 서로에게 소중한 존재다. 누나는 국민학교 때 친구가 건네 준 빛바랜 네잎 클로버를 아직도 간직하고 있다. 비록 헤어진 뒤 사십년 넘게 만나지 못했지만 지금도 누나는 그 친구에게 한결같은 우정을 지니고 있다.

그 힘은 어디에서 오는 것일까. 한마디로 정의할 수는 없지만 인간적인 교류, 마음이 닿는 교감이라고 할 수밖에 없다. 서로 간에 지닌 끈끈한 신뢰 말이다.

우리는 조금씩 늙고 허약해지면서, 육체적 쇠락은 종착점이 있지만 우리가 지닌 정신적 영역과 따뜻한 마음은 종착역이 없다는 것을 깨닫게 된다. 육체는 자라다가 성장을 멈추고 마침내 시드는 반면,

정신은 가꾸기에 따라서는 나이가 들수록 더욱 고귀한 보석처럼 빛난다. 우리는 인류의 한 일부로 태어나 살고 있다. 그리고 우리 정신의 가장 아름다운 총체인 우정을 늘 가슴에 품을 수 있다면, 인류의 유산을 항시 마음에 품고 사는 것과 다를 바 없을 것이다. 그래서 나는 영희 누나의 두터운 우정과 신뢰에 박수를 보낸다. 심지어는 부럽기조차 하다.

누나는 그 오랜 세월 동안 인류의 위대한 유산을 품고 살아왔고, 앞으로도 그럴 것이기 때문이다.

마음에도 영양분을 주세요

우정이 아름다운 꽃을 피우려면 충분한 거름이 필요하다.

《우정이 상처 입을 때》의 저자 사회학자 얀 예이커는 우정에 대해 다음과 같이 충고한다.

"옛 친구들과 예전처럼 많은 시간을 함께 보낼 수 없다고 죄의식을 갖지 말라. 당신의 생활이 변했다는 것을 인정하고, 관계를 유지하기 위해 당신이 지금 할 수 있는 일을 하면 된다."

또 월드컵이 한창일 때면 늘 나오는 멋진 얘기가 있다.

"공은 둥글다."

나는 항상 이 말을 들을 때면, 누가 처음 이런 말을 했는지 대단하다고 생각한다. 공은 정말이지 둥글다. 어느 면에도 접촉의 기회가 주어지고, 모든 면이 '행운의 골'의 방향이 될 수 있다. 친구를 사귀는 것도 비슷하다. 우리도 친구를 사귀는 일에 있어서 축구공과 같은 기회와 운명을 지니고 있을지 모른다. 그러나 문제는 우리가 이런 사실을 얼마나 잘 알고 있는가다.

친구를 잘 사귀어야 하는 이유는, 그가 내 삶에 영향을 미쳐 삶의 다른 면을 안내해 주기 때문이다. 좋은 친구, 훌륭한 친구를 사귀다 보면 자연스레 그를 닮아가고, 그 반대라면 또 다시 반대의 상황이 벌어진다.

우정은 자연스런 인식과 감정 속에서 서로를 공유하는 가치다. 따라서 친구 관계란 그에 걸맞은 소통 구조를 가지고 있는데, 이 소통은 서로가 마음의 정원에 물을 주고, 거름을 주고, 함께 땀을 흘림으로써 열매를 맺는 것을 전제로 한다. 둘 사이에 온정이 있을 때, 서로 마음을 얻게 된다는 뜻이다. 실제로 우정뿐만 아니라 사랑 같은 일련의 감정적 성취들도 결코 쉽게 얻어지는 게 아니다.

그렇다면 우리는 친구에게 어떤 태도를 취해야 할까?

함께 얘기를 나누고, 영화를 보고, 심지어는 한바탕 돌고래 쇼를 보러 가거나, 공원을 산책하며, 새벽에 배드민턴을 치고, 가족들 얘기를 나누고, 함께 숟가락을 들고, 명분 있는 대의를 좇고, 울고 웃는 관계.

이 모두를 함께 즐기되 서로를 개별적 존재로 인정할 수 있다면 얼마나 좋겠는가? 조이 휴턴은 이렇게 말한다.

"그대는 완벽하게 그대가 되고 나는 완벽한 내가 되려니, 서로 누구와도 다른 그대로 결점을 지닌 채. 그러면 우리는 사람으로 산다는 것이 무엇인지, 두 사람이 함께 한다는 것이 무엇인지 발견할 수 있게 된다."

더하고 뺄 것도 없이 딱 이만큼만 서로의 자아를 유지할 수 있는 관계라면 더할 나위가 없으리라. 실제로 우리는, 함께 할 수 있는 모든 것 중에서 단 하나라도 함께 할 때 친구가 된다. 그리고 더 나아가 그 단 하나를 할 때조차 서로를 서로로 인정하면 그 우정도 더 풍성해진다.

다시 말해 친구를 만날 때 서로의 영역에 접근하고 그 안에 꽃을 피우되, 그와 나를 동일시하거나 그를 나와 같은 사람으로 만들려 들어서는 안 된다. 그는 나와 다르다. 이 사실을 인정하고 받아들일 때, 우리는 한 개인을 온전하게 내 영역에 안착시킬 수 있다. 만일 자신과 비슷한 사람만 찾는다면 우리는 친구가 아닌 자신의 기대치, 욕망을 이뤄 줄 도구를 찾고 있는 것과 다를 바 없다. 그렇다면 감정을 이입할 인형을 찾는 것과 뭐가 다르겠는가.

물론 말은 쉬워도 친구 간에 서로를 인정한다는 것은 쉬운 일이 아니다. 여기에는 두 사람 사이에 생길 수 있는 온갖 차이들도 포함되는데, 이때 서로의 차이를 인정하는 태도는 이 같은 문제를 해결하는 실마리가 된다. 잘 사귀다가도 소원해지는 관계들을 보면, 하나 같이

'상대가 내 마음대로 움직여 주지 않아서'라는 불평이 들려온다. 결국 친구 자체에 문제가 있기보다는, 나의 주장이 상대를 통해 반영되지 않아 실망하고 멀어지게 되는 것이다. 하지만 누가 인형이 되고 싶겠는가.

그렇다면 상대가 나의 존귀함을 인정하고 받아들이지 않을 때는 어떻게 해야 할까. 가장 현명한 것은 가까이서 먼 듯이 바라보고, 먼 듯하면서도 가까이 상대를 바라보는 태도다. 서로를 두고 볼 때 친구 관계는 유지된다. 만일 그를 나와 똑같은 인간으로 개조하고 싶은 생각이 든다면, 결국 바꿔야 할 대상은 나 자신이다.

입이 간지러울 때가 있다. 상대가 하는 얘기를 듣다가 뭔가 얘기해 주고 싶어서다. 많은 사람들이 내면에 상담가적 기질을 품고 산다. 이런 기질이 과연 친구 사이에도 통용될 수 있을까? 물론 경우에 따라 다르다. 어떤 상대는 내 얘기를 듣고 싶어 할지 모른다. 하지만 분명한 건, 관계라는 것은 한쪽이 한쪽을 가르치려 들면 삐걱댄다는 점이다. 머릿속에서 친구를 판단하려는 생각이 꿈틀대기 시작했다면 먼저 자신을 돌아보자. '지금 내가 무언가를 착각하고 있는 건 아닐까?' 하고 말이다.

모든 삶은 개별적이다. 경험도 개별적이며, 느낀 바나 머리에 새겨진 기억도 개별적이다. 이런 사실을 무시하고 무조건 남을 가르치려 든다면 친구를 잃기에 가장 좋은 조건을 갖추었다고 해도 과언이 아니다.

친구와 지속적인 관계를 유지하고 싶은가? 그렇다면 그의 방식을 존중해 주어라. 당신은 절대로 상대를 백퍼센트 알지 못한다. 어떤 경우에도 그는 나와 다르다.

이처럼 진정으로 친구 사이를 꽃 피우는 거름은 사람에 대한, 보편적이고 우호적이고 존중 가득한 태도다.

친구 사이는 지배와 피지배 관계가 아니다. 아름다운 꽃이 있다고 함부로 내 화분에 옮겨 담으려는 건 순리에 벗어난 행동이다. 철저하게 그를 본래의 영역에서 자라도록 배려해야 한다.

우리는 우정이 깨질 때 흔히 마음도 깨진다고 표현한다. 그러나 잘 생각해 보면, 어떤 기대가 무너질 때도 우리는 그와 비슷한 한탄을 한다.

우정을 강하게 만들려면, 각자 환경이나 심적 상태에 따라 처방이 다르다는 점을 인식하자. 서로 키워 나가는 우정의 크기도, 상대와 내가 같을 수는 없다는 점을 명심하자. 또한 그 우정이 자라나는 모양이나 크기에 따라 다른 거름을 주어야 할지도 모른다. 물론 이 모든 걸 포함해 가장 중요한 것은, 심사숙고하되 행동으로 옮길 때에는 물 흐르듯 해야 한다는 것이다. 우정의 정원도, 우정에 줄 수 있는 거름도 다 우리 마음에 있다.

●
오래된 벽지처럼 빛바래고
땀내 나는 친구가 그립습니다.
세상 어디에선가 묵묵히 자기 소임을 다하는
못나기만 한 친구가 그립습니다.
서두름 없이 세상 구경하며 길가에 서성이는 봉숭아 꽃처럼
사람 마음 물들이는 그런 친구가 좋습니다.

술잔에 담긴 우정

 흔히들 이렇게 말한다. 우정의 깊이는 그간 쌓인 술병의 숫자와 비례한다고 말이다. 나는 비록 술꾼은 아니지만 이런 주장에는 크게 고개를 끄덕인다. 혹자는 술을 마시기 위한 귀여운 변명쯤이겠거니 생각할 수도 있다. 하지만 잘 들어 보면 일리가 있다.
 좋은 술자리는 마음을 넉넉하고 편하게 만드는 힘을 가지고 있다. 꽁꽁 닫힌 가슴을 열어 주고, 굳은 혀를 풀어 준다. 특히 치열한 경쟁 속에서 살아가는 우리는 대다수 이런 분위기를 그리워한다. 물론 선배들과도 친구가 될 수 있지만, 그런 술자리는 자칫 일방적인 선배의 경험담만 듣게 될 수 있다. 후배들도 나쁘지 않다. 그러나 반대로 자칫 하면 내 입에서 충고 어린 이야기들이 쏟아질 위험이 있다. 그러니 격의 없이 마주 앉기에 더할 나위 없이 좋은 동년배들이야말로 가장 훌륭한 술 친구라고 하겠다.

사는 게 때로 힘들고 부아가 치민다. 이렇게 힘든 날, 술 한 잔에 시름을 함께 나눌 친구가 있다면 얼마나 행복한가. 한참을 달렸는데 왠지 도돌이표만 밟고 있었다는 느낌이 들 때면 친구의 위로 한마디가 더더욱 그리워지고, 이런 감정은 곧이어 그들과 술 한 잔 나누고 싶다는 갈증을 불러 온다. 속상해서 한 잔 하고, 답답해서 한 잔 하고, 오랜만에 만나서 한 잔 하고, 보너스 받아서 한 잔 하고, 즐거워서 한 잔 한다. 소주에 닭똥집을 씹어도 좋고, 맥주 한 잔에 명태포를 찢어도 좋다. 뭐든 앞에 놓고 아랫목처럼 마음 녹이며 훈훈하게 자리를 지피는 것만으로도 응어리진 마음은 한결 따뜻해진다.

한 여름엔 어떤가. 목마른 일상에 여념 없다가도 성에 낀 맥주잔을 들어 올리며 탁 트인 마음을 나눈다. 만나서 즐겁고, 마음을 달래 주어서 고맙고, 나 또한 누군가에게 쓸모 있는 사람이 되어 줄 수 있어서 유쾌하다. 마주 앉은 친구가 이제껏 몰랐던 고마움을 느끼게 해 줘서 더더욱 고맙다. 왜 사람 간의 만남이 소중한지 그때가 되어서야 깨닫곤 한다. 그러니 친구라는 존재는 정말이지 대단하다고 할 밖에.

그들은 때때로 나를 내가 몰랐던 인생의 경지로 초대해 주고, 힘들 땐 흔들리는 어깨를 감싸주고, 서로의 작은 꿈이라도 소중히 하자며 용기를 북돋워 준다. 삶의 굽이굽이를 용케 살아가는 친구가 대견해 행복해지기도 한다. 이 모두가 친구로부터 얻을 수 있는 힘 아닐까.

언젠가 친구가 이런 말을 한 적 있다.

"누가 그러더라. 신은 인간에게 술과 친구를 주었다고 말이야."

만날수록 새록새록 정이 들고, 함께 걸을수록 잘 빚은 술처럼 서로에게 흠씬 취하게 되는 사람들……. 나도 이제 '중년'이라고 부르는 시절 언저리에 서 있다. 그리고 이 순간 나는 또다시 그들에게 다가가고자 한다. 과연 외로움 때문일까? 그렇다면 아내와 자식들, 그리고 또 누구인가? 내 인생의 끝에 배웅 나와 줄 사람은…….

조심스러운 바가지

어떤 면에서 우정이란 손을 탄 바가지와 같다. 아무리 수많은 손길에 단련되어도 언제든 쉽게 깨질 수 있다. 게다가 한 번 깨진 바가지는 상처가 아물어도 그 흔적만큼은 그대로 남는다. 깨진 부위가 아무리 튼튼하게 수선되어도 그 조각난 흔적까지 지워지는 건 아니라는 뜻이다.

친구 간의 감정도 비슷하다. 사람이라는 게 참 이상해서 잘 지내다가도 크고 작은 다툼이라도 벌어지고 나면 예전에 입었던 묵은 상처를 다시금 들춰 보게 된다. 그러고는 어리석게도 또다시 그때와 비슷한 아픔을 느낀다.

관계란 어디까지나 경험적인 것이다. 떠올리지 않을 뿐, 한번 입은 상처는 지워지지 않는다. 인생의 많은 것을 공유했기에 너무 편하게 말하고 행동하다가 곪아 버리는 관계들을 그 얼마나 많이 보아 왔는가.

그렇다면 이렇게 깨지기 쉬운 바가지는 어떻게 다루어야 하는가? 절교나 단절이라는 무시무시한 파행을 피할 수 있는 가장 효과적인 방법은 무엇일까?

결론적으로 말하자면 조심스럽게 행동하는 수밖에 없다. 최소한 인간에 대한 인간으로서의 예의를 지키는 것이다. 물론 말은 쉽다. 실제로 많은 이들이 이것을 잘 알고 있으면서도 막상 실행하는 데는 어려움을 겪는다. 우리는 크거나 심각한 갈등보다는 작고 일상적인 갈등이 우정을 갈라놓는다는 사실을 상기할 필요가 있다. 즉 경솔했던 작은 행동이 극단적인 결과를 몰고 올 수 있다는 뜻이다.

우리 인생에서는 보편적인 진리들이 힘을 발휘한다. 즉 우정을 잃게 되는 위험을 피하려면 인내를 키우고, 대인 관계에 차분해야 한다. 이것이야말로 우정의 보편적인 진리다. 친구는 가족과는 다르다. 이 말이 왠지 피부에 와 닿지 않는다면 처음 그 친구를 만났을 때를 떠올려 보자.

어느 날 당신은 그를 만났다. 이전에 그는 완전한 타인이었다. 그러나 어느 순간 내 인생으로 걸어 들어와 친구가 되었다.

즉 친구는 남을 사귀는 일이다. 만일 이 점을 잊어버리거나 간과하면, 타인을 친구로 받아들일 때 실패할 가능성도 높아진다. 어떤 이들은 우정을 강철로 만든 갑옷 정도로 생각한다. 하지만 그것은 오산이다. '그 친구만은 절대로 그러지 않겠지. 이 정도 쯤이야.' 라는 생각은 어디까지나 착각이다. 우정은 서로가 요구하고, 이행할 수 있는 단계에서 벗어나면 한없이 깨지기 쉬운 감정으로 변모한다. 반면, 원칙을 제대로 준수하면 그 어느 감정보다도 강해진다.

예컨대 생활과 생각 모든 소소한 면을 공유하는 친구들이 있다. 그들은 그것이 서로에게 솔직한 것이라고 착각한다. 가만 보면 그런 친구들 사이에는 바람 잘 날이 없다. 작은 오해가 부풀려지거나 감정적으로 예민해진다.

사실 과도한 프라이버시 노출이 우정을 돈독히 한다는 근거는 어디에도 없다. 서로 지켜야 할 선을 넘지 않는 것도 우정을 잘 지켜내는 한 방법이다. 이 같은 태도는 상대가 못미더워서가 아니다. 굳이 내 모든 것을 들춰내어 관계를 복잡하게 만들 필요가 없다는 뜻이다. 일상의 소소한 모든 것을 공유하고 나누는 친구는 가계부와 일기장이면 족하지 않은가.

우정을 나누는 두 대상이 우정에 대해 성숙한 가치관을 갖고 있다면 그 관계는 그 자체로 발전적으로 진화한다. 과도한 기대나 모든 영역을 공유하고 싶다는 동일시 현상도 사라진다. 또한 물질적 영역과 손익 문제 때문에 갈피를 못 잡고 좋았던 우정을 깨 버리는 어리석은 행동도 자제하게 된다.

한 친구 녀석이 있다. 그는 사회 생활을 하는 동안 여러 번 직장을 옮겨 다녔다. 그러다 어느 날, 새로 입사한 회사에서 대학 시절의 친구를 상사로 만나게 되었다. 그는 처음엔 '왜 하필'이라는 생각을 가졌지만 직장 내에서도 우정을 지킬 수 있다고 믿고 현명하게 대처해 나갔다. 회사에서는 상사요, 밖에서는 친구라는 원칙을 철저히 지킨 것이다.

이처럼 우정의 정의와 형식에 대한 명확한 인식과 성숙한 태도를 가진 사람은 모호할 때일수록 더 확실하게 행동한다. 물론 내 친구뿐만 아니라 내 친구의 대학 친구도 그 점을 잘 알았을 것이다. 그들은 공과 사를 명확하게 나누되 서로를 존중함으로써 직장 내 직위 차이라는 어려움을 극복해 나갔다.

물론 여기에는 서로의 인격적인 완성도나 생각의 합치가 있었다. 적어도 함께 하는 어느 부분에서는 말이다. 실제로 내 친구는 상사인 대학 친구를 회사에서 대할 때마다 마치 연극 무대에 오른 것처럼 느껴진다고 했다. 하지만 둘 사이에 지킬 것은 반드시 지켰기 때문에 오해가 생길 틈이 없었다.

그러면서도 그는 혹시 부지불식간에 서로가 상처를 입게 되지 않을까 염려하기도 했다.

"친구와 직장에서 만난다는 것은 불편할 수 있지. 직장 생활은 어떤 식으로든 갈등을 가져오고, 아무리 건전한 갈등이라고 해도 서로의 역할이나 지위라는 게 있잖아. 행동하는 데 아무래도 신경 쓰게 되지. 내가 모르는 사이에 상처를 줄까 봐 있는 동안은 특히 조심하게 되더라고. 그 친구도 그걸 알아서 행동해 줘서 고맙고."

친구 간의 우정은 바가지와 같다. 하지만 그 바가지는 어떻게 대하느냐에 따라 깨지고 꿰맨 흔적이 오히려 발전과 단련의 계기가 된다. 흔적은 남았지만 이 바가지만큼은 평생 손에 쥐고 가야겠구나, 하는 깨달음을 주기도 한다.

안락의자 같은 당신

  부족한 부분을 보완해 줄 수 있는 친구를 찾았다면, 당신은 큰 행운을 얻은 것인지도 모른다. 우리가 가진 장점들은 홀로 빛날 때보다 다른 사람들의 장점과 결합될 때 더 큰 빛을 발한다.

  장점만 아닌, 부족한 부분을 채우는 일도 마찬가지다. 우리는 남들에게서 나와 비슷한 점을 발견하고 이를 동질화함으로써 위안을 받고, 심지어는 마음의 병을 치유하기도 한다. 더불어 사는 삶의 중요성이 강조되는 것도 이 때문이다. 세상에서 받은 상처는 세상을 통해 치유돼야 한다. 더 나아가 관계가 만들어 낸 상처를 품고 있는 사람은 그 상처를 결국 사람 속에서 치유해야만 한다. 모든 문제의 탓을 자기 자신에게만 돌린다면 아무것도 아닌 문제가 종국에는 커다란 문제로 둔갑할 수 있다. 우리 마음에 사회적 활동을 하고 싶다는 의지가 자연스레 생겨나는 것도 바로 이 때문이다.

고시에 떨어져 법무사 사무실을 개업한 강원희 씨는 얼마 전까지만 해도 대책 없이 방황하고 있었다. 스스로에 대한 원망은 물론, 자기 능력을 알아주지 않는 고시 제도에 화가 치밀었고, 심지어는 얼굴도 모르는 심사위원들에게 욕설을 퍼붓기도 했다. 심지어 그런 깊은 열패감과 자괴심 때문에 변호사로 개업한 오랜 친구와도 연락을 두절했다.

사실 그의 지난 삶은 지옥이었다. 별이 없이 근 5년을 투자했지만 끝내 고시에 합격할 수 없었던 것이다. 그렇게 손을 놓고 나자 이제는 생계부터 걱정해야 했고, 그 과정에서 그는 말 못할 속 앓이를 했다. 더 이상 처자식을 모른 척할 수 없어 법무사로 개업했지만, 돌이켜 생각하면 창피한 기분밖에 없었다고 한다.

그러다가 어떤 계기를 통해 그는 생각을 바꾸었다.

어느 날 변호사인 친구와 법률상의 의뢰인 정보를 공유하면 사업에 훨씬 도움될 거라는 생각이 들었다. 그는 한참 동안 고민하다가 자존심이고 뭐고 일단 친구니 아는 체라도 하자, 하는 마음에 친구에게 손을 내밀었다. 그러자 모든 것이 순조롭게 풀려나갔다. 변호사 친구는 생각했던 것과는 달리 뻣뻣하지도 않았고, 두 사람은 서로 정보를 공유하며 때로는 고객을 소개해 주기도 했다.

그러고 나자 강씨는 무엇보다도 마음이 편해지는 것을 느꼈으며, 그렇게 한동안 지내다 보니 변호사 친구도 그와 별다를 바 없이 지쳐 있다는 것을 알게 되었다. 그 친구는 강씨가 자주 사무실을 찾아 주는 것만으로 기뻐하고 있었다. 결국 두 사람은 단순한 업무 파트너를 넘어 서로 속 터 놓고 이야기를 하는 사이가 되었고, 그 때문인지 두 사람 모두 예전보다 활기찬 생활을 즐길 수 있게 되었다. 하는 일만 놓고 보면 상위와 하위 입장이라는 느낌이 없지 않지만, 강씨는 이제는 그것조차 마음 편하다고 한다.

"내가 자존심을 염두에 두고 그 친구를 만나면 그때부터 우리는 친구가 아닌 경쟁자가 되겠죠. 내 불편한 심기가 그대로 얼굴에 드러날 테고, 그러다 보면 순전히 나 때문에 저 좋은 친구를 잃지나 않을까 걱정되더라고요. 절대 그럴 수는 없죠. 다 잃어 버려도 친구 하나쯤은 간직해야 하는 거 아닙니까?"

대개 사람들은 자기 생각의 범주에만 머물고 싶어 한다. 대다수가 스스로 정해 놓은 반경 내에서 생각하고, 행동하며, 판단한다. 사물에 대한 고유의 가치를 찾기보다는 자기가 느끼는 바를 소중히 여겨 거기에만 가치를 부여하는 것이다. 강씨의 경우도 처음에는 그랬다. 저 친구는 변호사니 뻣뻣할 거야, 또 나는 패배자니 머리를 숙여야겠지 등등. 그의 가치관에 착시 현상이 생긴 것이다. 그러나 우리는 살면서 생기는 수많은 일들이 우리 예상과는 반대라는 것을 몸소 경험하게 된다. 누구나 마음 속 한켠에 가지고 있는 외로움, 우정에 대한 갈망을 강씨는 잠시 잊어 버렸던 것이다. 그리고 그는 오랫동안 알아 왔던, 그러나 실제로는 아는 바가 별로 없었던 이 변호사 친구를 통해 인생의 새로운 의미를 획득했다.

낡은 의자는 앉으면 삐그덕댈 수도 있지만, 인생에 대해서는 더 많은 얘기를 들려 준다. 그러나 대다수는 그 삐그덕 대는 소리가 사실은 의자 스스로 내는 소리가 아니라 내가 거기에 앉고, 기대고, 의지했기 때문이라는 것을 잊고 있다.

악수를 하세요

비노바 바브라는 친구와 적에 대해 다음과 같은 정의를 내렸다.

"철든 이후 적과 친구가 되어 본 경험이 없는 나로서는, 적을 사랑하는 것이야말로 절대적으로 안전을 꾀할 수 있는 일이라고 생각한다."

그야말로 친구 관계에 대한 가장 적절한 표현이다. 그가 꿰뚫어 보는 인간관계는 뭔가 다르다.

가끔은 만나서 친구는커녕 원수가 되어 버리는 사람들이 있다. 그런 사람들은 내가 가는 곳마다 가로막으며 해코지를 하려 든다. 물론 어려울 때 손을 내밀어 주는 친구가 되는 사람도 있다. 요즘에는 앞의 예에 해당되는 사람을 스토커니 뭐니 칭하지만, 사실 스토커는 극단적인 성향을 드러내는 사람들에게 한정되는 지칭이다. 그리고 우리 일상 속에는 그런 스토커적 기질을 가진, 그러나 스토커로 분류되지 않는 수많은 사람들이 존재한다. 그렇다면 그런 악연을 만났을 때는 어떻게 대처해야 할까.

한마디로 답을 말하자면, 일정한 거리를 두는 게 상책이다. 실제로 오히려 잘 몰라서 좋은 사람들이 있다. 만일 인간에 대한 애정이 넘치는 사람이라면 직접 만나서 문제를 해결하려 들 수도 있지만 대다수는 그러기가 쉽지 않다. 게다가 만나서 푼다고 해도 생각처럼 잘 되라는 법도 없다. 관계를 개선시키려다가 오히려 그게 빌미가 되어 더 불편해질 수도 있으며, 심지어는 그것 때문에 더 극성이 되는 이들도 있다. 그렇다면 이런 사람과도 '거리를 둔 친구'가 될 수 있을까?

결론부터 얘기하자면, 그렇다.

고사성어에 '화이부동和而不同'이라는 말이 있다. 사이좋게 지내되 무턱대고 어울리지 말라는 뜻이다. 같이 하더라도 그와 같아지지만 않으면 된다는 얘기다. 엄밀히 말하면 사람들은 비슷한 무리끼리 모인다. 그래서 유유상종이란 말도 있지 않은가? 따라서 나와는 영 다른 악연을 만났다면 그와 나는 다른 원칙과 이상을 추구하고 있다는 자부심을 키우고, 함께 어울리되 거리를 두어야 한다.

세상에는 나를 살찌우는 사람이 있는가 하면, 내 영혼을 궁핍하게 만드는 사람이 있다. 사회적 관계라는 게 비단 나만 잘한다고 해서 잘 유지되는 것도 아니다. 때에 따라서는 주변 사람들의 영향을 받아 나도 모르는 사이에 관계의 폭풍 속으로 끌려 들어갈 수도 있다.

심리 치료사들은 인간관계를 잘 유지하려면 너무 많은 신뢰도, 너무 많은 실망도 위험하다고 말한다. 사람은 애당초 살아온 배경과 가치관, 인간관계에 대한 철학이 다 다르다. 구원의 손을 내밀면 그에 대한 보답으로 앙갚음하는 사람도 있지 않은가. 그것은 그 사람의 인생 철학이 그렇기 때문일 것이다. 이는 교육을 더 받고 덜 받고의 문제가 아니라 그 사람이 지닌 본질로 봐야 한다. 만일 스스로 살면서 많은 사람을 겪어 봤다고 자부한다면 이 말에 고개를 끄덕이게 될 것이다.

한 심리 치료사는 이렇게 말한다.

"사람은 태어나면서부터 자기 모양을 만들어 갑니다. 바로 인성이라는 것이죠. 사실 선하거나 악한 것도 상황에 따라서 달라질 수 있습니다. 하지만 성장 과정은 누구에게나 큰 영향을 미칩니다. 비뚤어지고 배배 꼬인 사람은 그렇게 밖에 행동할 수 없는 필연적인 이유가 있습니다. 그 반대로 시원시원한 사람은 교우 관계에서도 끊고 맺는 게 확실합니다. 친구를 잘 사귀어야 한다는 건 전혀 틀린 얘기가 아니죠. 서로 똑같이 닮아갑니다. 친구는 개체가 아니라 환경입니다."

나와 맞지 않는 사람과 만났다. 같은 조직에서 매일 볼 수밖에 없는데 아무래도 탐탁지 않다고 생각되면 일단 그 사람을 대하는 방식을 바꿔 보는 게 현명하다. 처음에는 아마도 원거리냐 근거리냐의 문제를 중점적으로 생각하게 된다. 그래서 거리 두기에 성공했다면 이번에는 그 자신을 중심에 놓고, 그 사람을 내 일정한 범주에 포함시킬 것인가 않을 것인가를 결정한다. 그리고 이런 식의 관계 설정 태도가 익숙해지면 앞으로 만나게 될 불가피한 인연들에 대해서도 감정적 동요를 겪지 않게 된다.

하지만 그렇게 사람을 만나는 것이 아깝다고 생각하는가? 그렇다면 모든 사람과 친해진다는 것은 누구와도 진심으로 친해지지 못한다는 것을 뜻할 수도 있다는 점을 기억하자.

현대인의 욕망은 과거에 비해 증폭되고 다양해졌다. 따라서 관계도 예전처럼 허물없기가 힘들다. 그러나 맺는 관계 대다수가 경제 활동과 맞물려 돌아가다 보니 혼자 잘 지내겠다고 고립을 선택할 수도 없다. 이런 환경에는 적응하는 방법밖에 없다. 설령 내 취향과 다르고 개인적으로도 호감이 가지 않아도 그들과의 만남에 적응해야 한다. 이럴 때일수록 자기 중심을 잡고 타인과 적당한 거리를 유지하는 것도 원활한 관계를 위한 한 방법이다.

"악수를 하세요, 최소한 적은 되지 않게 말이죠. 하지만 끌려 들어가지는 마세요. 당신은 당신이니까요. 그건 당신이 부족해서가 아닙니다. 단호하다는 것은 현명하다는 것을 의미하기도 합니다. 그게 생각처럼 되지 않는다는 건 잘 압니다. 하지만 우리가 보여 줄 수 있는 단호함의 한계를, 보통의 관계에서 생기는 불편함 정도를 제거하는 것으로 설정해 보세요. 그런 것들만 사라져도 훨씬 편해진다는 것을 느낄 수 있을 겁니다. 슬기로운 인간관계란 세상 모든 사람과 친구가 되는 것을 의미하는 게 아닙니다. 적이 되는 걸 피하는 것입니다. 그럴 때 자연히 친구도 많이 생기겠지요."

많은 부분에서 공감이 가는 이야기다. 거리란 오히려 더 친하거나 덜 친할 때 재 둘 필요가 있다. 서로의 감정과 이해, 심지어는 공간상의 불편함을 없애기 위해서라도 반드시 거리는 필요하다. 먼저 내미는 악수라는 것도 사실 보면, 상대가 아닌 나 자신의 기대와 함께 하려는 욕구가 아닌가.

어려움 속에서 싹트는 우정

직장 생활을 하면서 만나게 되는 사람과의 대화에는 일정한 패턴이 있다. 사회적으로 훈련된 대화 기법과 인사치레 등이다. 상대의 호감을 얻고자 하는 사교적인 인사나 좋은 인상을 남기기 위한 언변도 상대에게 호감을 불러일으킨다. 예를 들어 만나서 흔히 하는 얘기 중에 "언제 소주나 한 잔 합시다." "언제 식사나 같이 합시다." 같은 말들은 대다수 인사치레에 불과하지만 나름대로 듣기 좋은 말이다. 사실 진심이라는 게 모두 말로 표현될 수 있는 것은 아니지 않은가. 그러나 그것이 정말로 백퍼센트 인사치레일 때는 또 당혹스러워진다. 말투나 말의 높낮이 등이 그 사람의 생각을 투영하고, 우리 또한 그것을 쉽게 알아채게 되는 것이다. 하지만 진심에서 우러나오는 말이더라도 선뜻 받아들이기 힘든 경우가 있다.

어쨌든 이런 인사치레들이 우리의 관계를 유연하게 만들어 주는 것은 사실이다. 미처 용기가 없어 주변 사람들과 점심 한 끼 하기도 쉽지 않다고 치자. 이럴 땐 가벼운 인사나 대답, 또는 가볍게 회사 자판기에서 커피라도 뽑아 건네며 인사를 하면 좀 더 가까워질 수 있다.

나 역시 비슷한 경험을 한 적 있다. 회사 일로 알게 된 사람이었는데 만난 지 얼마 안 되어 그가 제시한 상품이 사실 우리 회사와는 전혀 관련 없는 물건이라는 것을 알게 되었다. 하지만 나는 그 동안 그 사람과 나눈 대화를 통해 그가 광범위한 세상사에 관심을 가진 박식한 사람에다가 사람 됨됨이도 곧다는 것을 깨닫고 있었다. 게다가 알고 보니 내 중학교 동창과도 잘 아는 사이였다.

나와 그는 오래지 않아 사회 친구가 되었지만, 그럼에도 우리는 서로 엄격한 선을 두었다. 자칫 이해관계로 얽혔다가 우호적인 관계가 깨질 수 있다는 판단 때문이었다. 다시 말해 우정 아닌 '영업' 행위로 끝날 위험이 높았던 것이다. 실제로 나는 이 말고도 많은 모임에서 특히 이 부분을 경계한다. 더군다나 비영리 커뮤니티에서의 의도적이며 직접적인 태도는 절대 환영받지 못한다는 것을 강조하곤 한다. 내가 아는 어느 단체의 선언서에는 이런 구절까지 적혀 있다.

"친분을 이용해서 이익을 도모하지 않는다."

사람이 모이다 보면 자연스레 이해관계가 생겨난다. 이 문구는 그런 불편한 상황이 발생하는 것을 미리 막고자 한 조치이고, 그런 면에서 슬기로운 원칙이다.

그런가 하면, 친구의 영역 안에 들여 놓을 수는 없지만 친구처럼 대해야 하는 이들도 있다. 그런 사람들을 만날 때 취할 수 있는 방법은, 그들 역시 내 잠재적 친구라고 여겨 함께 우정의 텃밭을 가꾸어 나가는 것이다. 이해관계로 만났다고 해도 적절한 선만 넘지 않는다면 자연스레 시간 속에서 돈독한 우정이 쌓인다. 예를 들어, 매일 얼굴 볼 일은 없어도 가끔씩 시간을 내서 안부 전화를 걸거나 전자 우편을 보내도 좋다.

세상엔 세 가지 부류의 사람들이 있다. 하나는 있던 친구를 잃으면서 사는 사람, 다른 하나는 타인이었던 사람을 친구로 받아들이는 사람, 마지막 부류는 친구라곤 자신 밖에 없는 사람이다.

사회 생활을 통해 우리가 찾고자 하는 것은 무엇인가? 단순히 돈이나 이익만은 아닐 것이다. 즉 더 얻지는 못해도 최소한 잃는 친구는 생기지 않도록 지속적으로 관심을 가지고, 계속해서 누군가를 만나가야 한다.

우정은 수많은 시험과 난관 속에서 싹튼다. 거기엔 어마어마한 에너지와 노력이 필요하다. 많은 시간을 함께 보내야 하고, 같이 운동을 하거나 영화를 보아야 하며, 술을 마시거나 부케를 받아 주거나 공항까지 가는 허니문 차의 운전수 역할도 해야 한다. 또한 상가 집에서 친구 대신 궂은일을 도맡아 주기도 해야 한다. 물론, 친구의 마지막을 배웅해야 하는 상황도 벌어진다. 이렇게 힘든 과정임에도 불구하고 친구는 왜 필요한 걸까?

　친구는 나를 더 먼 세상에 닿게 해 준다. 우리는 친구를 통해 세상 곳곳을 들여다보고, 더 멀리 여행하며, 내면의 세계를 탐험한다. 이 같은 일련의 시간을 겪어오면서 어떤 이는 친구를 위해 목숨까지 내놓기까지 한다. 그런 면에서 진정한 친구를 얻고자 한다면 돈, 노력, 시간 좀 투자한다 해도 아까울 것이 없다. 한 번이라도 그들을 만날 때 "아, 귀찮아."라고 투덜거렸다면 생각해 보라. 다른 모든 세상사와 마찬가지로 우정이라는 열차에도 절대 무임승차는 없다.

3장

내 친구들은 어디 있을까?

●
인생이 뭐냐고 묻는 친구 앞에서
사는 건 다 그런 거 아니냐고
조금은, 아주 쬐금은 인생을 아는 것처럼
나 그렇게 대답하리라.

작고 사소한 일을 함께 나누는 사람

누군가와 교감을 하고 있다는 것, 함께 봉사활동을 하거나 단체에서 활동하는 것 등은, 막상 할 때는 그 의미를 제대로 느끼지 못하는 경우가 많다.

언젠가 천주교에서 운영하는 양로원을 방문한 적 있다. 나는 거기서 낯모르는 사람들이 우정의 공동체를 만들어가고 있는 모습을 보았다. 몇몇 할머니들이 원사를 감아 실을 만드는 소일거리를 하고 있었는데, 근력이 필요한 일은 할아버지들이 도와주고 있었다. 재미있는 것은 할아버지들은 할머니를 도와줄 때마다 일부러 자기 존재를 상기시키려는 듯 큰 기침을 하는 것이었다. 그러면 할머니들도 모른

척, 할아버지들의 등을 두드려 주었다.

그 모습은 흐뭇하기만 했다. 아마 저 분들은 젊어서 함께 집안일을 할 때도 저렇게 하셨겠거니 싶었다. 그렇게 그들은 작은 일을 통해 서로를 받아들이고, 인생의 황혼기를 따뜻하게 감싸주고 있었다.

만일 당신 곁에 함께 할 수 있는 공동체가 있다면 그것에 감사하자. 인간애를 나눌 수 있는 작은 환경이나마 있다는 것, 얼마나 큰 위안인가. 그렇다. 그곳이야말로 아직 내가 모르는 천국일지도 모른다.

사실 친구란 큰 것 없다. 친구란 작고 사소한 일을 함께 나누는 사람들이 아닐까.

그대, 배려할 줄 아는가

"우정은 만들기는 쉬워도 유지하는 데는 어마어마한 시간과 에너지가 필요합니다. 내기 어려운 시간을 내야 하고, 하기 싫은 일을 해야 하는 거죠. 어디 그뿐인가요? 우정은 모든 과정이 기꺼이 우러나서 해야 하는 거죠. 누가 시켜서 움직이는 것이 아니라, 나도 모르는 새에 감정의 오작교를 만드는 겁니다. 보고 싶은, 만나고 싶은, 같이 하고 싶은, 그런 대상이 세상에 몇이나 되겠어요. 친구 말고는 연인밖에 없을 것입니다. 그리고 이 같은 감정을 소중하게 여기기 위해서는 한 가지가 더 필요하죠. 바로 헌신입니다. 나 이외의 다른 사람에 대한 배려, 기꺼이 타인을 위해 마음을 다하는 자세, 이런 데서 사람 사이의 친밀함도 싹트는 거죠."

삼십 년 넘게 친구들과 우정을 간직하고 있는 도찬수 씨는 우정에 대해 이렇게 정의를 내린다. 그에 의하면, 살면서 느끼는 온갖 풍파 속에서도 상대에 대한 배려를 잊지 않는 것이 우정이라고 했다. 그의 얘기가 자칫 소홀하기 쉬운 요즘의 인간관계에 하나의 기준이 될 수 있을 것 같다는 생각이 들었다. 타인에 의존하고, 덕만 보려는 관계는 절대로 오래 가지 못한다. 자신이 먼저 베풂으로써 마음을 나눌 때 우정도 상승 작용을 일으킨다.

많은 경우 우리는 헌신의 마음을 잃음으로써 상대와 가까워질 수 있는 기회를 놓쳐 버린다. 마음을 열고 친숙해진다는 것은 타인을 친구로 인도하는 것이다. 또 친구를 가지게 되면 우리도 내면에 보다 심화된 자아를 키우게 된다. 훌륭한 친구는 내가 인생의 길을 가며 저지를 수 있는 수많은 오류와 실수, 또는 좌절의 고비마다 내 일부가 되어 조언해 주고 눈을 뜨게 해 준다. 누구 말마따나 사려 깊고 헌신적인 친구는 가장 큰 재산인 셈이다.

많은 직장인들이 대화 상대를 찾지 못해 우울증을 호소한다. 하루 종일 보고서나 회의 얘기 말고는 딱히 나눌 대화도 없고, 하려 들어도 세대 차이 때문에 망설이게 된다. 자칫하다간 썰렁한 분위기가 되어 버리기 일쑤다. 회식 때면 분위기를 잡아 보려고 애쓰지만 속마음은 따로 논다.

가정도 비슷하다. 누구보다도 가까운 말동무가 되어야 할 부부는 각자 아이들 문제, 돈 문제로 머리가 복잡하다. 이야기를 하려고 마주 앉아도 자연히 대화는 겉돈다. 부부가 함께 보내야 할 대화의 시간을, 이제는 아이들의 치열한 입시 문제와 안방 드라마가 차지했다.

이래저래 중년들이 설 곳은 점점 더 줄어든다.

그래서 일상에서 말수가 너무 줄거나 늘어나는 역효과가 일어난다. 회사나 다른 공간에서 불필요하고 정제되지 않은 말을 줄곧 해대거나, 의미 없는 대화에 너무 많은 시간을 소비하기도 한다. 그런가 하면 또 어느 자리에서는 상대가 내 일에 관심이 없다고 생각해 선을 그어 놓고 '여기까지만' 말하게 된다. 자칫하다가는 서로의 담 높이만 확인하게 되는 것이다. 이런 모습을 보고 있자면 마치 자기 껍데기에서 한 걸음도 걸어나오지 않는 갑각류들이 떠오른다.

실제로 직장 생활을 하는 한 친구는 회사 얘기 말고는 얘깃거리가 없어 죽을 지경이라고 하소연한다. 정치 얘기를 꺼내면 누구나 이쪽 저쪽 갈라서고, 재테크 얘기를 하면 전 국민이 부동산 전문가가 된 것처럼 온통 집값 얘기뿐이란다. 나아가 교육 얘기를 할라치면 곧바로 팔학군과 기러기 아빠 얘기가 나온다. 이런 상태에서 어떻게 다양한 대화가 진행될 수 있겠냐는 거다. 인생의 깊이를 더하는 얘기보다는, 치열하게 붙들고 늘어져야 할 생존 전선만 눈앞에 놓여 있는 것이다.

이처럼 많은 이들이 휴전 없는 전쟁을 이십 년 넘게 치러 오고 있다. 지금이야말로 친구가 필요한 순간인데도 하루 중 가장 많은 시간을 보내는 직장 안에서조차 친구는 신기루다. 정신과 의사인 내 후배는 이렇게 말한다.

"우리는 이 무겁고 지루한 일상의 갑옷을 벗어 버려야 해요. 좀 더 인간적으로 다가가야 합니다. 인간적인 체취가 나는 사람, 정신적으로 비무장해도 되는 관계, 뜨겁고 우호적인 사람 사이의 정……. 이런 게 절대적으로 필요합니다. 경쟁은 그 자체가 목적이 아닌데 너무 작은 데까지 스며들어 사람들을 정서적으로 압박하고 있어요. 과연 이게 행복한 삶일까요? 좀 더 느슨해질 필요가 있어요. 파라솔 밑에서 같이 시를 읽으며 차를 마시고, 같이 바둑을 두며 한가로이 인생을 즐길 줄 아는 것. 이런 삶의 즐거움을 우리는 늙은 다음에야 찾으려고 하죠. 정말 어이없지 않습니까? 지금이 아닌, 나중에야 인생이 시작된다는 것처럼 말이지요. 그건 완전한 착각입니다. 우리는 지금 사람 사이에서 느낄 수 있는 진한 감동에서 너무나 멀리 떠나와 있어요. 심적으로 편안하게 마주 볼 친구가 없다면 이제 우리는 누구와 시간을 보낼 수 있죠? 아이들이 친구를 만드는 과정을 보세요. 우리는 그만도 못합니다. 언제부터인가 친구 만드는 능력이 퇴화해 버린 거죠. 이제는 친구를 위해서 시간을 써야 합니다. 그래야 자기 자신과도 친구가 될 수 있습니다. 자신에게 진정한 배려를 베풀 수 있게 되는 거죠."

그의 말마따나 아이들의 순수한 시선으로 바라보면, 보다 좋게 이 세상을 받아들이게 된다. 그리고 이런 시선은 친구 관계뿐만 아니라 내가 속한 공동체까지도 정감 있게 만든다. 아무리 삶에 찌들어도 결코 놓쳐서는 안 되는 가치가 있다. 바로 인간다운 삶이다. 그런데도 우리는 많은 이유들로 인해 가까운 주변 사람들까지 영원한 타인으로 만들고 있다.

아마도 인간은, 이제 섬이 된 지 오래인지도 모른다.

모든 것이 변한다

어떻게 보면 친구를 사귀는 건 손쉽게 느껴진다. 하지만 속사정을 알고 보면 자식 키우는 것만큼이나 어렵다. 친구를 사귈 때 명심해야 할 것이 하나 있다. 우정의 밭을 대충 경작할지 정성껏 가꿀지는 어디까지나 자기 몫이라는 점이다. 사람 간의 관계는 손길이 닿지 않는 순간부터 메마른 황무지로 변한다. 서로가 길들여지지 않으면 우정이라는 나무도 자라지 않는 것이다.

물론 친구 사이에는 남다른 긴밀성이 존재한다. 그러나 친구도 사람 따라 간격이 다르다. 훌륭한 우정은 두 사람이 나누는 폭과 깊이가 방대한가 그렇지 못한가로 결정된다. 우리의 욕구와 생활이 바뀌는 것처럼 우정도 변한다. 여러 사람과 사귀다 보면 알게 되지만 각각의 친구마다 우정에 대해 가지는 무게도 다르다. 그래서 우리는 친구와 갈등을 겪는지도 모른다.

아마 대다수는 청소년 시절, 내가 상대를 좋아하는 것만큼 상대방이 나를 좋아해 주지 않아 고통스러웠던 경험이 있을 것이다. 혹은 상대가 나를 좋아해 주는 것만큼 내가 상대를 좋아하지 않는다는 점에서 양심의 가책을 느끼기도 했을 것이다. 그러나 이는 극히 자연스러운 현상이며, 바로 이 과정을 통해 우리는 마음을 단련시킨다. 우정은 가장 편안한 감정 상태다. 서로를 생각하는 감정의 크기를 재기 시작하면 끝도 없다. 다만 서로를 통해 긍정적 면을 만들어가고, 그렇게 자신이 변화하고 있다는 것을 깨달으면 그것만으로도 정서적인 충족을 느낀다.

그렇다면 과연 우정은 영원히 변치 말아야 하는 것인가. 우리가 배워 온 정서로는 그렇다. 그러나 사실은 다르다. 세월은 모든 걸 변하게 만든다. 우리의 환경도 변하고, 생각도 변하고, 친구도 변하고, 나도 변한다. 그런 상태에서 만일 서로를 과거에만 얽매려 든다면 그것은 무의미한 집착일 뿐이다. 사람 사이의 관계는 언제든지 깨질 수 있다. 공통의 관심사나 지향점, 혹은 감정적 교류가 사라질 때 우정도 변화의 시기를 맞이한다. 이때 이를 억지로 막으려 들면, 자칫 자연스런 발전의 계기를 놓치게 된다. 오히려 이를 정면으로 받아들일 때, 우리는 서로의 관계에서 보다 더 슬기로워질 수 있다. 현재를 있는 그대로 받아들이고, 자기 마음이 어디쯤 위치하고 있는지를 제대로 파악하는 것은 관계의 발전에 늘 필요하다.

　많은 이들이 감정을 제어하지 못해 불행해진다. 심지어는 회복 가능성이 있던 관계를 아예 망쳐 버리기도 한다. 친구의 우정이 변했다고 느껴질 때, 나 자신의 우정이 변했다고 느껴질 때 일단은 상황에 맞추어 가되 본질적으로 우호적인 태도만 잊지 말자. 그러면 그 우정도 보다 성숙한 차원을 열어갈 수 있을 것이다.

　어떤 이는 자신의 우정이 받아들여지지 않아 번민하고, 그로 인한 두려움 때문에 먼저 나서서 관계의 단절을 선언한다. 그러나 우리 살아가는 일에 문제없는 상황이란 애당초 존재하지 않는다. 중요한 것은 그런 문제를 통해 서로에 대한 반응을 살피고 관계를 재정립하는 일이다. 또한 이런 과정은 내가 누군지, 친구란 무엇인지에 대한 중요한 해답을 찾아가는 또 하나의 여정이라고 하겠다.

옛친구 놓고 보면 생각두 끝없어라
어린시절 젊은시절 어느덧 다 보내고
오늘 그대와 나는 중년이라 한다.

친구를 대할 때도 원칙이 있다

　친구는 큰 것이 아니라 작은 것을 나눌 때 생긴다. 큰 것만을 목표로 하는 만남에서는 그 목표가 사라지면 우정도 함께 빛을 잃는다. 우정이란 생활 속의 감정이며 서로가 서로를 알아가는 과정에서 싹트는 것이다.
　평생의 친구를 대할 때는 작지만 중요한 원칙들이 있다.
　일단 친구를 만나면 근황부터 물어라. 먼 길을 찾아 온 친구라면 더욱 더 따뜻하게 맞이하고, 차 한 잔이라도 정성껏 대접하라. 또 함께 밥을 먹게 되었다면, 어렵고 큰 주제보다는 식탁 위의 촛불처럼 정겹고 따뜻한 이야기에 초점을 맞추어라. 어쩌면 그는 가까운 사람의 장례식장에 갔다 오는 길에 그대를 찾았을 수도 있다.

　때로는 가볍게 술 한 잔을 나누어라. 술잔을 주고받을 때는 친구의 얼굴을 가만히, 그리고 자세히 들여다보라. 그가 얼마나 바뀌었는지, 얼마나 삶을 잘 견디고 있는지 살펴보아라. 안색을 잘 살피면 그의 건강과 걱정거리를 짐작할 수 있다. 어쩌면 친구는 자신도 모르는 병을 앓고 있을지 모른다.

　무엇보다도 그가 하고 있는 일을 소중히 여겨라. 설령 그대에게는 전혀 중요하지 않아 보여도 그는 평생을 다 바쳐 그 일을 하고, 그 일로 돈을 벌어 식구들을 먹여 살린다.

　신발을 고치는 친구에게는 공짜로 신발을 고쳐 달라고 하지 말라. 농사를 짓는 친구에서는 쌀 한 바가지도 거저 얻지 마라. 그것은 그 친구가 인색한 사람이어서가 아니라 우리가 그의 어려운 속사정을 알 수 없기 때문이다.

　오랫동안 연락 없던 친구에게서 전화가 오면, 하던 일을 중단하고 그의 이야기에 귀 기울여라. 아마도 그는 꼭 전할 말이 있어 미안한 마음을 무릅쓰고 전화를 걸었을 것이다. 친구의 수입을 물어 보고 싶거든 "요즘엔 애들한테 참 돈이 많이 들어가더군." 한 마디면 된다. 그러면 친구는 자연스럽게 대답할 것이다.

　"그러게 말이야. 말도 말아. 내 월급 가지고는 애들 교육비 하나도 감당하기도 어려워. 애 하나 키우려면 일 년에 못 들어가도 천 만 원은 드는데, 내 수입의 3분의 1이나 된다고."

친구의 대답을 듣고 나면, 꼬치꼬치 캐묻지 말고 자연스럽게 아이들 교육 문제로 화제를 옮겨라.

친구가 도움을 줄 것이라고 기대하지 마라. 그 친구에게도 말 못할 고충이 있다. 그대는 그 고충을 덜어 주는 데 얼마나 도움을 주었는가. 그걸 생각하면 자연스레 무리한 요구도 삼가게 될 것이다.

친구를 만나면 이야기하기보다는 들어 주어라. 발언권을 양보하는 것이다. 그는 얘기를 들어 줄 사람이 절실하다. 친구가 어떤 얘기를 하든, 그 지식의 얇고 짧음을 탓하지 말라. 그대도 어느 분야에서는 그 친구의 지식을 당해내지 못할 것이다.

나이가 들었다면 친구를 대할 때 굳은 동지가 되어라. 특별히 뜻을 같이 하지 않더라도 웬만하면 그의 말에 동조해 주어라. 친구와 그대는 어쨌든 이 펼쳐진 인생 길 동지다. 그를 감싸고 위로해 주어라. 친구가 멈칫하면, 주저 없이 그의 못다한 얘기를 들어 주어라. 그가 무슨 생각을 하고 있는지 전혀 모르겠다면, 어쩌면 두 사람의 관계가 그리 깊지 않은 것일 수도 있다.

친구의 아내를 보면 깍듯하게 인사하라. 친구 부인은 그대를 통해 남편을 바라보게 될 것이다. 허름한 옷을 입었어도 언행 하나로 당신은 친구의 아내에게 제왕 같은 벗으로 기억될 것이다.

친구는 작고 연약한 존재다. 그리고 바로 그렇기에 그가 내 마음에 들어와 살 수 있음을 기억하라.

위대한 친구 앞에서는 더욱 당당하라. 그의 잘못을 바로잡아 주고,

늘 일관성 있는 태도를 보여라. 만일 그가 높은 자리에 있을 때 그대가 비굴하거나 왜곡된 언행을 일삼는다면, 그건 우정의 문제 이상의 것으로 비화된다. 우정을 떠나 그가 하는 일에 방해가 되거나 그가 하고 있는 일을 망가뜨릴 수도 있다.

언제나 그가 속삭이는 이야기에 귀 기울여라. 그에게는 지금이 인생을 마감하려는 순간일 수 있다. 언젠가는 그런 일이 있었다. 한 친구가 어느 날 다른 친구의 전화를 받았다. 그러나 그날 그 친구는 몹시 바빴고, 그 핑계로 전화를 건성으로 받았다. 며칠 후 그는 전화를 걸었던 친구가 자살했다는 소식을 들었다. 더 이상 그 친구의 이야기를 들을 수 없게 된 것이다.

소중한 친구를 오래도록 간직하기 위해서는 작은 일에 신경 써라. 그러기 위해서는 단 한 가지만 기억하라. 그 친구는 그대와 마찬가지로 아주 작은 일에 희로애락을 느끼며 살아가는 동시대 벗이다. 그리고 우리가 그 친구를 만날 수 있는 것도 단지 살아 있는 동안뿐이다.

상처는 도려내야 아문다

좋은 관계는 저절로 얻어지는 것이 아니다. 관계가 저절로 트이기를 바라는 것은 극히 게으른 기대다. 좋은 우정은 친교親交의 밭에 씨를 뿌리고 부단히 가꾸려는 노력 속에서 싹튼다. 오죽했으면 '우정의 정원엔 잡초가 많이 난다'고 했겠는가. 우정은 인위적인 노력, 많은 관심의 손길이 필요하며, 마음이라는 보이지 않는 감정을 늘 투자해야 한다.

그것은 좋을 때뿐만 아니라 상처를 입었을 때에도 마찬가지다. 상처는 그냥 두면 곪는다. 관계가 악화되었을 때 치유 노력을 게을리 한다면 시간이 흐른 뒤에는 아예 회복할 수 없는 상태에까지 다다른다.

따라서 갈등이라는 것은 그것이 더 큰 문제를 야기하기 전에 자연스레 밖으로 분출되어야 한다. 해결하고자 하는 공동의 노력이 뒤따라야 한다는 뜻이다.

 A는 B가 자신을 무시하고 있다고 생각해 절교를 선언했다. 사실 둘 간의 문제는 처음엔 쉽게 풀릴 수 있는 것들이었다. 하지만 오해가 오해를 낳고 마침내 불신이 싹텄을 때는, 이미 모든 것이 돌이키기 어려운 상태에 이르렀다. 쉽게 풀 수 있었던 문제를 그냥 놔두니 저절로 커진 것이다. 그렇다면 우리가 흔히 겪는 이 같은 문제는 어떻게 바라봐야 할까?

 우정을 지키기 위해서는 그 우정을 방해하는 감정이 무엇인지를 알고, 그것이 잡초처럼 무성해지지도 않도록 수시로 제초 작업을 해주어야 한다.

 잘 이끌어 나갈 수 있는 관계를 무관심 때문에 망쳐 버리는 것, 그야말로 어리석은 일이다. 무관심하다는 것은 애정이 없다는 말과 같은 의미다.

 말하기 어렵다고 해서 갈등을 숨기지 마라. 배려한다는 핑계로 무관심하지 마라.

 "나는 너를 소중하게 여겼는데, 너는 안 그랬어!"

 "너는 내 입장은 조금도 생각하지 않아!"

 "나는 내가 너의 특별한 친구라고 생각했는데……. 알고 보니 남만도 못하더라."

"너는 내가 너를 신경 쓰는 것만큼 나를 생각해 주지 않아!"

처음에는 이해하는 것처럼 보이던 상대가 갑자기 이렇게 나오면 상황은 악화일로로 치닫는다. 따라서 친구 사이에는 제 아무리 작은 갈등의 조짐이라도 그것을 회피하거나 간과하는 대신 대화하고 이해를 구하는 책임감이 필요하다. 여기서 또 한 가지, 내 생각을 전달할 때는 적합한 방식을 찾는 것도 내용만큼이나 중요하다는 점을 잊지 말자.

멀리 있어도 함께인 친구

"왠지 그 친구가 우리를 대하는 모습에는 알 수 없는 힘이 느껴져. 그게 우리한테도 영향을 미치는 것 같아. 뭐랄까, 관심, 친절, 배려, 우정, 사랑, 격려 같은 서로를 북돋우는 감정이라고 할까? 그가 아무리 멀리 있어도 늘 같이 있는 것처럼 느껴지더라고. 불러내면 곧 뛰어와 맥주잔을 치켜들 것 같아. 정이 뭔지……. 녀석, 객지에서 적응은 잘 하고 있는지……."

어느 날 마흔 살 넘은 친구들끼리 모여서 호주로 이민 간 친구 얘기를 한 적이 있었다. 이곳에서 이렇게 살기는 싫다고, 좀 땅덩이도 크고 영어로 이야기하는 나라로 가면 자식들도 나처럼 영어 때문에 고생하는 건 면할 수 있지 않겠느냐고, 여기서 했던 만큼만 일하면 어디든 발붙이고 살지 않겠느냐며 친구는 떠났다.

떠난 친구의 자리가 유독 컸는지, 남아 있는 친구들은 온통 그 친구 얘기로 꽃을 피웠다. 물론 추억은 언제나 생생했다. 다만 친구들은 가슴 한구석이 빈 것처럼 허전해 했다. 이 빠진 그릇을 놓고 안타까워하는 심정이랄까. 그렇게 허전하다 보니 말도 많아지고, 뭐든 잡히는 대로 그와 연결시키려고 이렇게 부산을 떨어댔다.

남자들끼리의 수다라는 게 그렇지 않은가. 옛날 이야기하다가 추억도 얘기하고, 용감무쌍하던 군대 무용담까지 오가다가 드디어는 으랏차! 술잔을 치켜든다. 그러다 술도 바닥을 보일 무렵이 되면 하나같이 미안한 감정, 못다한 이야기, 잘 살 거라는 위로, 남 일이 남의 일이 아니더라는 동병상련의 토로, 뭐 이런 식으로 이야기가 귀결된다.

우리는 그 친구가 대한민국 사십대라면 누구나 느끼는 외로움과 고달픔 때문에 이 나라를 떠났다는 것을 잘 알고 있었다. 말 못할 소외감과 매일 부딪쳐야 하는 경쟁, 그런 게 싫어서였으리라.

언젠가 그 친구는, 불필요한 경쟁만 가득한 이 나라에서 살아가는 게 너무나 힘들다고 고백했다. 남들이 외제차를 사면 나도 그래야 할 것 같고, 남의 집 아들 딸이 해외 연수라도 가면 우리 집 아이들도 보내야 할 것처럼 다급해지고, 남이 평수를 늘려 집을 이사했다고 하면 며칠은 집사람에게 말 한마디 건네기도 껄끄러워지는 식의 갈등 말이다. 게다가 마흔이 되도록 뭘 했냐며 부부 싸움이라도 할라치면 그만 말문이 턱 막혀 버린다.

그는 정말이지 꼭 필요한 경쟁만 하고 싶다고 했다.

그렇게 그는 떠났지만, 우리들 머릿속에는 그 친구에 대한 기억이 어제처럼 남아 있다. 그는 과묵하고 말수가 적었다. 말이 적어서 내성적이었는지 내성적이라서 말을 아꼈는지는 모르지만, 그에게는 왠지 형님 같은 면모가 느껴졌다. 나만 그렇게 느낀 것도 아니었다. 그의 말과 행동에서는 무언가 그런 느낌이 풍겼다. 같이 있을 때는 꿔다 놓은 보리자루처럼 굴었지만 그는 엄연히 우리들의 중심에 서 있었다. 그냥 생뚱맞은 물건처럼 그냥 놓여 있었던 게 아니라 당당한 중심의 역할이었다.

다른 친구들만 못한 대학을 나왔고, 다른 친구들만 못한 직장을 다녔으며, 다른 친구들만 못한 살림살이였지만 그는 우리 가운데 자리를 차지했다. 사실 고개를 숙이는 것이 진정한 미덕이라는 사실을 깨닫기 전까지만 해도 우리는 그의 존재를 눈치 채지 못했다.

모든 게 지나고 나면 아무것도 아니라는 걸 알면서도, 도토리 키 재듯 견주고 또 견주며 살아 왔다. 누군가 제일 먼저 과장을 달았다고 우쭐댔을 때도 그랬고, 누가 연말에 육백퍼센트 보너스를 받았다고 했을 때도 그랬으며, 누가 기조실로 발령이 나 예산이 자기를 통하지 않으면 안 된다며 호기를 부릴 때도 그랬고, 아들이 반에서 회장이 됐다고 자랑을 늘어놓았을 때도 그랬다. 한마디로 철없는 행진의 시기였다.

그때도 그 친구는 달랐다. 그는 겉으로 드러나지 않는 무언가로, 오히려 그림자처럼 자신의 영향력을 드러냈다. 우리 머리에 무게를 싣게 하는 건 지식이 아니라 세월인 모양이다. 아무튼 그 무렵부터 그 친구는 어느덧 성큼 우리 가슴에 들어와 살고 있었다.

그 친구가 떠나자 근래에는 우리끼리 모여 술잔을 든다. 그의 빈자리가 아무리 커도 이제는 우리끼리 그걸 채우면서 살아가야 한다고, 그게 우리 몫이라고, 그러니 그 녀석은 끝까지 잘 살았으면 한다고 다들 한 마디씩 한다. 하지만 그의 비어 있는 자리는 좀처럼 채워지지 않는다.

"자, 우리도 잘해 보자."

누가 이렇게 말하자, "잘하긴 뭘 잘해, 그냥 사는 거지." 대뜸 면박이 터져 나온다. 그리고 떠난 친구에 대한 기억을 되살리며, 모두들 그가 남긴 덕목들을 꼽아 본다.

관심, 배려, 친절, 우정, 사랑, 격려.

어디 하나인들 함부로 다룰 것들인가. 더 늦기 전에 우리가 이것을 알았고, 인생의 진면목을 깨달았고, 그 소중한 것들을 마음에 새겼다는 것만으로도 큰 수확이었다.

그 친구는 비록 멀리 떠났지만 이 귀중한 시간을 우리에게 남겨 주었다. 그리고 이것들과 더불어, 그는 항상 우리 곁에 있을 것이다. 아직도 그의 등을 떠민 이 세상과 함께 뒹굴며 살아가는, 바로 우리들 곁에 말이다.

아픔을 치유해 주는 치료사

저명한 심리분석가 콘스탄스 벅서 박사는 현대인의 삶에서 빼놓을 수 없는 심리 치료의 일환으로 친구 관계를 꼽고 있다. 내 생활을 진단해 주고, 무언가를 공유하고, 아픔을 치유해 줄 수 있는 벗들이야말로 무한 경쟁 시대에 가장 필요한 치료사라는 것이다. 그의 주장은 중년에 접어든 우리들에게는 특히 시사하는 바가 크다.

"지금이야말로 그 어느 때보다 돈독한 우정이 절실히 필요한 시기다. 요즘의 삶은 워낙 힘들고 복잡하기 때문이다. 좋은 친구와 느긋하게 마음 터 놓고 얘기할 수 있을 때 우정은 대단한 특전이 되며, 곧 '나' 라는 존재에 대한 축복이 된다."

복잡한 삶을 살아가는 사람들일수록 친구는 삶의 청량제가 되어 준다. 하지만 우리는 이처럼 절실히 우정이 필요한 시대에 살면서도, 정작 그런 삶을 꾸려나가지 못한다. 공존보다는 경쟁과 갈등이 뿌리 깊게 박힌 시대……. 《어린 왕자》에 나오는 바오밥 나무처럼, 무시무시한 관념들이 세상을 파괴할지도 모르는 위기 속에서 우리는 살고 있는 것이다.

생각해 보면 우리가 느끼는 행복이나 기쁨, 혹은 즐거움은 별로 큰 게 아니다. 그런데도 이런 행복한 느낌이 좀처럼 손에 잡히지 않는 건 왜일까.

한번은 오랫동안 연락이 두절된 친구에게 전화를 걸었는데, 대뜸 이렇게 말해 왔다.

"자식, 너 편할 때만 연락하는구나. 평소에는 생각도 안 하지?"

그의 얘기를 듣고는 얼굴이 뜨거워졌다.

"미안하게 됐다. 먹고 사느라……."

그렇게 면박을 주고도 그 친구는 무슨 일이 있냐고 물어 왔다. 오랜만에 연락을 한 걸 보니 혹시 일이 있나 걱정이 된단다. 그 이야기를 듣자 너무 오래 그에게 소원했던 것이 미안해졌다. 아무리 마음은 굴뚝같아도 자주 연락하고 만나지 않으면 친구도 남남이나 다를 바 없다. 돌이켜 보니 나는 벗에게 적절하게 시간을 투자하지 못했다는 생각이 들었다. 내가 그를 위해 시간을 내지 않는데 그라고 나한테 시간을 내 주겠는가 말이다.

사실 나이가 들면 경조사때 아니면 오랜 친구를 만나기 힘들다. 그만큼 삶에 여유가 없다. 하지만 오랜만에 연락한 친구가 집안에 큰일이라도 당했다는 이야기를 들으면 어쩔 수 없이 미안한 느낌이 든다. 특히 부모님이 돌아가셨다거나 몸이 좋지 않아 큰 위기를 넘겼다는 소식을 들을 때면, 미처 가보지 못한 게 마음에 걸려 가시방석이다. 친구를 찾고 싶다면 짬을 내서, 지속적으로, 그가 원할 때를 잘 알고 그의 앞에 나타나 주어야 한다. 그것이 힘들다면 가끔 전화라도 하자. 모든 것은 늘 시간과 관심 문제다.

수 브라우더는 우정을 돈독히 하는 방법에 대해 다음과 같이 설명했다.

"좋은 친구가 되기나 좋은 친구를 가지면 하루하루가 풍요로워지고 평생 동안 만족을 느낄 수 있습니다. 그러나 우정은 우연히 생기는 것이 아닙니다. 우정은 만들고 가꿔야 하는 것입니다. 다른 기술처럼, 우정도 서로를 맺는 기술을 익혀야 합니다."

우리는 누군가의 친구가 되길 원한다. 또 친구를 얻기 원한다. 하지만 우리는 그걸 어떻게 해야 하는지에 대해서 별로 아는 바가 없다. 친구가 되는 법을 체계적으로 가르치는 곳도 없고, 배워 본 적도 없다. 그냥 살면서 터득한 것이 전부다. 아니, 어쩌면 방법을 몰라서가 아니라 행동하는 법을 모르고 있는지도 모른다.

구조 조정의 칼바람이 휘몰아치던 외환 위기 때 이런 일을 겪었다. 간부급 사원 일부를 해고해야 하는 상황이 닥치자 간부들 간에 미묘한 신경전이 발생했고, 결국은 서로를 음해하는 것조차 서슴지 않게 되었다. 그런 상황에서 상대에 대한 배려 따위는 나올 수 없는 상황이었다. 그러나 내가 알던 김 과장은 동료에게 더 많은 기회를 주고 싶다며 스스로 퇴직 의사를 밝혔다.

"누군가 나가야 한다면 제가 나가겠습니다. 어차피 저는 조금 일찍 퇴직하는 것과 다름없으니까요. 이제 분위기를 좀 바꿔보는 게 어떻겠습니까. 한 사람은 줄였지 않습니까. 너무 찬바람만 부는 것 같아 안타깝군요. 우리가 이런 분위기를 만든 책임자는 아닌데 말이죠."

공공연한 자리에서는 누구도 이 말을 거들지 않았다. 그러나 아마 모두들 그에게 고마워했을 것이다. 또 김 과장의 앞에서는 미안한 감정을 내색하지 않았지만, 모두들 속으로는 같은 마음이었을 것이다.

반면 몇몇은 그의 무모한 영웅주의를 탓하며 냉소주의로 일관하기도 했다.

"어디 갈 데가 따로 있나 보지?"

"김 과장은 먹고 사는 덴 문제없잖아."

"나가 봐야 알지, 얼마나 찬바람이 쌩쌩 부는지."

이들은 그 이후의 행적으로 보건대 아마 지금도 외로운 섬처럼 홀로 떠돌고 있을 것이다. 반면, 그의 그런 결정을 우호적으로 받아들인 사람들은 그 후로도 종종 서로의 얼굴을 볼 수 있었다.

"정말 미안해서 고개를 들 수 없었어."

"내가 대신 손들고 싶더군, 애들만 아니었다면."

"부디 김 과장한테 좋은 계획이 있기를 바라는 마음이야."

다행이었다. 듣자하니 그 후 김 과장은 새로운 일을 찾았고, 그 일을 통해 점점 더 발전하고 있다고 했다. 모두가 그 소식에 기뻐했다.

결국 이 똑같은 상황을 놓고도 한쪽은 그와 마음을 통했고, 다른 한쪽은 그러지 못했다. 누가 봐도 김 과장의 행동은 놀랍고도 고마운 것이었는데도 말이다. 한참 뒤 우리는 김 과장을 만날 수 있었고, 그는 그때 자신의 행동에 대해 다음과 같이 말했다.

"어려운 일이 벌어졌을 때 남을 위하는 마음을 가질 수 있다면, 그 사람은 친구도 쉽게 사귈 수 있습니다. 그때 제 결정은 사실 좀 만용에 가까웠지만, 나는 그렇게 해서 스스로 편해질 수 있었어요. 남들은 내게 뭔가 빚을 진 것처럼 미안해 했지만 말이죠. 사실 그럴 필요는 없어요. 결국 내가 선택한 일이었으니까요."

사람을 가꾸고 마음을 돌보는 일은 평생 지속되어야 한다. 그리고 거기에게 서로 감정을 다루는 기술을 익힌다면 친구를 만나기 위해 더 이상 애를 쓸 필요도 없을 것이다.

함께 있으면 그대 자신을
돌이키게 해주는 사람이 친구다.
그러나 친구의 가장 좋은 점은
함께 있으면 침묵을 지킬 수도 있다는 것.

서로 의지한 순간들

《친구의 의미》를 쓴 다이앤 헤일스는 친구에 대해 다음과 같이 정의한다.

"가까운 친구란 그런 것이 아닐까 합니다. 어려운 일이 생기면 자신의 일을 제쳐 놓고 달려오고, 어떤 일을 이루었을 때 기쁨을 함께 나누며, 고통으로 괴로워할 때 함께 괴로워하는 사람이죠. 친구는 우리의 꿈을 이루도록 용기를 주고 조언을 해 주며, 우리가 조언을 받아들이지 않아도 여전히 우리를 사랑하고 존중해 주는 존재입니다."

친구 사이에 가장 기억에 남는 순간은, 모르긴 몰라도 서로를 의지했던 순간이 아닐까 한다. 사랑하는 부모를 잃었을 때 멀리서 찾아와 조용히 손을 잡아 준 친구, 아내가 병으로 누워있을 때 부부가 함께 찾아와 쾌유를 빌어주던 친구, 아이 입학 때 축하 메시지를 보내온 친구, 사회 생활에 허덕일 때 위로와 격려의 술잔을 부딪쳐 주던 친구…….

인간은 감정을 공유할 때 다채로운 방식을 사용한다. 그리고 우정도 여러 경로를 통해 만들어지거나 무너진다. 즐거울 때보다는 힘들고 어려울 때 힘이 되어 주는 것을 가장 큰 친구로서의 덕목으로 손꼽는 이유도 이 때문이다.

유독 사람이 많이 따르는 한 친구가 있었다. 그 친구를 통하면 또 다른 친구를 만나게 된다. 우스갯소리로 이 친구만 따라다니면 미국 대통령까지 알게 될 판이다. 한번은 그 친구의 장점을 생각해 봤다. 그러고 보니 그는 누군가가 힘들고 괴로울 때마다 늘 그 곁에 있었다. 축하의 자리에서는 좀처럼 만나기 어려워도 장례식장에는 반드시 얼굴을 내밀었던 것이다. 말을 잘하거나 아는 게 많은 것도 아닌데, 이상하게도 이 친구 옆에만 있으면 마음이 푸근하다. 그와는 경쟁심 때문에 서로 불편해질 일도 없었다.

한번은 부모상을 당한 친구의 장례식장을 방문했다. 그날 상을 당한 친구가 처음 건넨 말이 "그 친구는 어디 있느냐?"였다. 나머지 친구들은 서운하기도 했고, 놀라기도 했다. 그 순간 우리는 서로가 서로에게 어떤 친구로 남아야 할지를 깨달았다.

사실 그런 식의 두터운 신망은 쉽게 얻을 수 있는 것이 아니다. 그것은 공고한 우정과 신뢰로 요새를 짓는 일과 같다. 그리고 평생 이런 신뢰를 한 번이라도 얻을 수 있다면 그야말로 기쁜 일일 것이다.

오래 전, 한 사회단체에서 일을 한 적이 있었다. 그리고 그때 잊지 못할 친구 하나를 만났다. 그와 나는 여러 가지 이유로 많은 대화를 나누게 되었고, 그렇게 얘기를 나누다 보니 점차 친해졌다. 그러다가 한 번은 우리가 함께 한 일에 문제가 생겨 둘 중 하나가 책임을 져야 할 상황이 벌어졌다. 누구의 책임인지 말하라는 호통 앞에, 우리는 서로 자기 책임이라고 나섰다. 그 후 우리들의 우정은 급속도로 깊어졌다.

벗을 둔 사람들은 그야말로 '이 삶이 행복할 수 있는 이유' 하나는 더 간직한 셈이다. 좋은 친구가 곁에 있다는 것, 얼마나 가슴 벅찬 일인가?

내 거울은 누구인가

중년에 들어 갑자기 추락하는 사람들이 있다. 누가 봐도 별 문제없을 것이라고 장담했던 사람들이 한순간의 실수로 나락으로 떨어진다. 개인적 부침이야 누구나 살며 겪는 거지만, 어떤 이는 뜻하지 않게 주변 사람들까지 끌고 낭떠러지를 구르게 된다. 나의 행복이나 불행이 타인과의 관계에도 영향을 미칠 수 있다는 뜻이다.

오래 전 사업을 한 적이 있는데, 그때 의도치 않게 가족 친지들이 관여되면서 온갖 어려움을 겪었다. 사실 사업이라는 건 잘되면 좋지만, 안 되면 원망만 듣는다. 그때 진정한 능력이라는 것은, 만족의 수위를 높이는 게 아니라 원망의 수위를 낮추는 것이라는 사실을 깨달았다.

주변을 둘러보면 잘됐다는 얘기보다는 의절했다는 이야기가 더 많이 들려온다. 다들 욕심은 적당히 부리고 그저 안온하게 살면 될 텐데 현실은 다르다. 세상이 허욕으로 가득 차 있으니 누구나 대박을 꿈꾼다. 그래서 삶 자체가 관계 때문에 망가지기도 한다. 그래서인지 중년에 들면 사귀고 있던 사람들에게까지 조심하게 된다. 잘못된 관계는 필경 불행의 원인이 되기 때문이다.

친구도 비슷하다. 흔히 도움을 주고받는 사이다 보니 어려울 때는 자연스럽게 찾게 된다. 물론 아쉬운 소리를 하는 쪽이나 듣는 쪽이나 쉽지만은 않지만, 어떤 친구는 평생 자신만 알고 살아간다. 뭐랄까, 너무 이기적이다. 연락을 해 올 때면 늘 부탁할 일만 가득이다. 자연히 만남은 소원해지고, 심지어는 피하게까지 된다. 이번엔 또 뭐지, 하는 생각부터 들어서다. 한번은 그 친구가 어려울 때였다. 몇몇 친구들끼리 얼마간의 위로금을 만들어 건넸는데, 그때도 고맙다는 말 한마디 없었다. 그런 친구와의 교류가 유쾌할 리 있겠는가. 생각해 보니 그와 직접 얼굴을 맞댄 지도 벌써 몇 년이 지났다.

반면에 주기만 하는 친구도 있다. 그 친구는 주변 친구들의 어려운 사정을 들으면 으레 두 손을 걷어 부친다. 그 친구의 **빡빡한** 생활을 아는 나로서는, 그 친구가 온갖 궂은 일에 먼저 뛰어드는 걸 보면 미안하기까지 하다. 그는 누구보다도 고단한 삶을 살아가면서도 친구에 대한 배려를 잊지 않는다. 심지어 이 친구는 군대에서 휴가를 나왔을 때도 친구가 모친상을 당했다는 얘기를 듣고 득달같이 달려갔다. 지금 그는 어느 조직에서든 환영 받는다. 게다가 그런 적극적인 유대 때문인지 다니던 회사에서도 가장 먼저 승진했다.

"다 자기 하기 나름이지. 누굴 탓할 게 없어. 나는 나이 들면서 더 반듯해지고 싶더라. 내가 왜 이렇게 사람을 챙기는지 아냐? 그렇게 안 하면 마음이 불편하거든. 손에 일도 안 잡히고. 좀 귀찮아도 갔다 오면 오히려 마음이 편해. 나중에라도 얼굴 붉힐 일 없어서 좋고······."

그 친구에게는 자신의 삶에 대한 굳건한 신념과 태도가 있는 듯했다. 상갓집 돈 것만 해도 전국 몇 바퀴는 될 거라고 말하는 그의 얘기를 들으며, 나는 얼굴이 뜨거워졌다.

이 완전히 다른 두 친구를 떠올릴 때마다 거울을 눈앞에 두고 있는 듯하다. 앞의 친구에게는 결코 호감이 가지 않지만, 뒤의 친구에게는 고마운 마음부터 든다. 그러나 나도 그렇게 할 수 있다는 자신은 없다. 다만 나 또한 누군가에게 거울이 되고 있을 텐데 최소한 욕을 먹는 일만 없었으면 좋겠다고 생각한다.

친구는 극도로 가까운 지인이다. 그에게 행한 베풂은 곧 잊어 버리자. 그 보답은 내 마음이 좋은 것만으로도 충분하다. 마음 편하고, 좋으면 그만 아닌가. 두 번째 친구는 내게 이 단순하지만 명확한 사실을 가르쳐 주었다. 인생에는 어디고 스승만 있다. 무얼 배우든, 어떻게 살든, 그것은 어디까지나 내 몫이다.

인생의 무임승차

서른 무렵까지는 어울리고, 술을 마시고, 인생을 얘기하며 우정을 쌓아간다. 하지만 때가 되면 모두들 길 따라 뿔뿔이 흩어진다. 젊음은 이상을 추구하는 시기지만, 정작 삶의 다양성을 수용하는 면에서는 미흡하다. 그래서 질풍노도의 시기라고 했던가.

가만 생각해 보면 연륜이란 인생의 불가해성을 깨닫고 받아들이는 것을 의미하는 듯하다. 젊은 시절에는 생각은 많았지만 편협했다. 그러다 보니 친구 사이에서도 설익은 주장을 내세우기 급급했고, 그 때문에 서로 다른 점만 더 눈에 띄었다. 때로는 그것이 갈등을 초래하기도 했다.

하지만 나이가 들면 뭔가 달라진다. 나와는 다른 생각과 방식으로 살아가는 사람들을 다소나마 이해하게 된다. 내게도 그런 친구가 있었다. 그리고 우리는 마흔 넘어 우연히 동창 모임에서 다시 만나게 되었다.

그와는 특별히 친하지 않았기 때문에 함께 하게 된 자리에서도 서먹서먹하기만 했다. 하지만 우연이라도 다시 만났으니 뭐든 말문을 트지 않고는 어색해서 견딜 수 없었다. 게다가 소위 세상살이 짬밥도 많이 먹었으니 이 정도 상황은 받아들일 수 있겠다 싶었다. 그래서 우리는 얘기를 시작했다.

신기했다. 사는 게 다 그런 건지 애들 얘기, 집안 얘기 등 생활 주변의 소소한 얘기를 하다 보니 어느덧 시간이 훌쩍 지나 있었다. 헤어지고 나서도 친구가 한 얘기가 귓전에 남았다.

"대학 다닐 때 나처럼 어렵게 학교를 다녔던 친구들은 너처럼 사회 참여니 뭐니 하는 애들 보면 마냥 철없어 보였지. 게다가 너희들은 뭘 좀 아는 것처럼 주장을 내세우곤 했지. 나는 그게 잘 받아들여지지 않더라구……."

나는 무슨 얘기가 이어질지 귀를 기울였다. 예나 지금이나 그는 꽤 도전적으로 주장을 펼치고 있었다.

"그런데 말이야. 나는 아직도 너희들 생각에는 동조를 안 하지만 가끔은 미안한 생각이 든단 말이야. 마치 무임승차해서 뭘 얻은 것처럼. 그게 뭘까 생각해 봤는데 얼마 전에 탄 택시 기사가 실마리를 주더라. 그 기사 말이, 자기는 회사 택시들이 파업을 할라치면 옳지 싶어서 주야로 택시를 더 몰아 수입을 올렸다는 거야. 그런데 파업이 끝나고 요금이라도 올라가면 왠지 공짜로 얻었다는 느낌이 들었다고 하더라. 처음엔 머리깨나 잘 썼다고 생각했는데 불현듯 미안한 마음이 들더라는 거지. 그게 옳든 옳지 않든 말이야. 나는 누군가의 희생의 대가로 잇속만 챙겼구나, 하는 생각이 드니까 얼굴이 화끈 달아오르더래. 그러더니 그 택시 기사가 이러대. 자기는 인생에서 누군가의 덕만 보고 살아 온 것은 아닌지……. 그 기사 얘기를 듣다 보니 글쎄, 내가 꼭 그랬던 것 같았어. 젊었을 때는 손해 좀 봐도 문제될 게 없었는데 왜 그렇게 내 주장에만 급급했는지……. 나는 너희들이 하는 일이 다 철없이 구는, 자기만 손해 보는 일이라고만 생각했거든."

친구의 얘기를 들으며 우리가 거저 나이를 먹은 건 아니구나, 하는 생각이 들었다. 나는 그저 고개를 끄덕여 주었다. 나는 그 얘기가 나를 겨냥해 하는 말이라는 것쯤은 알고 있었다. 하지만 특별히 그걸 주제 삼아 더 말할 필요는 없어 보였다. 그런데 친구가 자리에서 일어나며 한마디를 덧붙였다.

"다 성숙하지 못한 행동이었다고 생각해. 하여간 나는 그때 그랬다."

나는 그 한마디에 그가 인생을 대충 살아오지 않았음을 알 수 있었다. 그의 주장이 맞고 틀리고는 중요하지 않았다. 그 친구의 이야기 속에는 젊어서는 몰랐던 인정과 수용의 자세가 보였다. 삶이 그를 그렇게 만들었을 것이며, 시간이 그렇게 그를 빚어 놓았을 것이다. 돌이켜 보면 나도 마찬가지였다. 나 또한 하나의 가치가 모든 걸 웅변한다고 생각하며 살았다.

생각할 겨를도 없이 그가 갑자기 말을 돌렸다.

"그런데 너는 먹고 살 만하냐? 나는 죽겠다."

갑자기 생활에 대한 얘기로 화제가 옮겨가자 그만 한 방 먹은 느낌이었다.

모두가 이런 짐을 지고 살진대, 서로가 이 사실을 잘 안다면 다툴 일도 없을 것이다. 삶이란 그렇다. 자기 앞에 놓인 몫을 챙기기도 버겁다. 우리 또래에게 이만큼 뚜렷한 공통점도 없다. 아무리 아우성쳐도 먹고사는 일이 만만치 않다는 걸 깨닫는 나이 아닌가.

나 또한 그랬다. 열심히 산다고는 하지만 늘 빠듯했다. 그 친구와는 여러 면에서 소통할 수 없을 것 같았는데 시간이 우리를 이렇게 공통의 주제로 묶어 놓았고, 그런 주제에 의연함까지 보일 수 있게 된 것이 한편으론 놀랍기까지 했다. 시간도 지나고 해서, 나는 아까 친구가 꺼냈던 말을 되물어 보았다.

"그나저나 그 택시 기사는 다른 기사들한테 미안하다고 생각했나 보지?"

"글쎄다……."

내 말이 끝나기도 전에 그가 대답했다.

"아냐, 행복해 보였어. 잠깐 그랬다는 거지. 그렇다고 뭐가 달라지겠어?"

그 친구와 헤어지고, 내가 탄 택시는 시청 앞 길을 한참이나 뱅뱅 돌았다.

그렇다. 서울 시내에는 수십, 수백 갈래로 길이 흩어져 있다. 어느 길로 가든 결국 택시 기사는 나를 집 앞까지 데려다 줄 것이다. 바로 그것이 내가 택시를 타는 이유다. 더구나 그나 나나 삶의 고단한 미터기를 돌리고 있다면, 그래, 이런 날은 길을 잘못 들어 조금 더 뱅뱅 돈들 무슨 상관인가.

들어주어야 마음이 열린다

"아무리 친구라도 할 얘기, 안 할 얘기를 구분해야 하지. 자기 생각이라고 다 말해 버릴 수는 없지 않나? 게다가 나이 들면 말에 대한 책임감도 요구되고, 속마음을 드러내는 방식도 잘 찾아야 하지. 자칫하다간 남에게 상처 입히는 수가 있어요. 모두가 내 마음 같다고 생각하면 오산이야. 이해는 늘 부분적인 것 아닌가."

오래 사귄 친구니까 이 정도는 충분히 이해하겠다 싶어 꺼낸 말이 화근이 된다. 상대의 속사정까지는 모르는데 그걸 다 알고 있다고 착각해서다. 그런가 하면 상황이나 배경을 무시하고 내뱉은 말이 우정의 적신호를 불러온다. 실제로 많은 우정이 이 때문에 깨진다.

이런 실수는 여자보다는 남자들이 더 잘 저지른다. 남자들은 대다수 상대의 이야기에 귀를 기울여 주기보다는 공감 이상의 것을 바라고 그 문제에 직접 개입하려는 경향을 보인다. 남자들 특유의, 문제가 있으면 꼭 해답을 제시해야 하는 강박이 원인이다.

실제로 부부 싸움을 해 보면 남녀 간의 의식 차가 상당히 크다는 걸 알게 된다. 아내는 남편 생각처럼 어떤 답을 원하는 게 아니다. 그저 자신의 감정을 공유하기를 바란다. 하지만 남편은 그걸 알 리 없다. 이처럼 많은 부부들이 서로가 어떤 생각을 하는지 몰라 평생 비슷한 다툼을 반복한다.

한편 아무리 함께 사는 배우자도 조언이나 충고를 할라치면 본능적으로 자신을 보호하려고 드는데, 하물며 친구 사이는 어떻겠는가. 아무리 가까운 친구도 상대가 내 감정을 상하게 하면, 불쾌감이나 불신이 먼저 생긴다. 그렇다고 아무런 관심도 갖지 않는다면 어떻게 될까? 당연 오해를 불러온다. 그렇다면 친구 사이의 거리는 어느 정도가 적당할까?

심리 상담가들은 서로 다른 입장도, 아예 수면 위로 드러나면 대개 문제가 가벼워진다고 말한다. 다른 입장에서 다른 반응이 나오는 것은 극히 자연스러운 일이라는 것이다. 즉 같은 사건을 겪어도 사람마다 받는 충격은 다르며, 여기에 섣부른 개입은 금물이라는 것이다. 반대로 문제가 발생했을 때는 오히려 즉각적인 원 스텝 백one step back, 즉 물러서는 것이 필요하다. 화가 났을 때 가장 큰 잘못 중 하나는 싸움을 키우는 것이다. 해명하려고 드는 상대의 태도가 오히려 핑계로 들리고 그것이 불신을 강화시킨다. 이럴 때는 설령 내가 잘못한 경우가 아니더라도 조용히 물러서는 게 상책이다. 대부분의 경우 아무리 격렬한 다툼이라도 시간이 지나면 감정이 완화되고, 심지어는 본질까지 파악할 수 있게 된다. 따라서 한창 격렬해진 상황에서 맞불을 놓아 짙푸른 녹음을 한순간에 잿더미로 만드느니 잠시 물러서는 것이 현명할 수 있다.

실제로 우정의 숲은 한 그루 나무가 병들어도 망가질 수 있으며, 한순간의 산불 때문에 민둥산이 되기도 하다. 관계를 존중하는 것은 상황이 이렇게 극단으로 치닫는 것을 제어하는 방지책이 된다.

흔히 우리는 무슨 일이 생기면 온몸으로 뛰어 들어야 하며, 그것이야말로 인간적이라고 이야기한다. 우리 특유의 정서다. 하지만 요즘에는 그런 식의 개입이 환영받지 못하는 경우가 많다. 우정도 시대에 따라 표현 방식이 달라지지 않던가. 지금은 철저하게 상대의 입장과 선택을 존중해야 하는 시대다.

개인주의적 풍토가 한 몫 거들어서인지 관계도 많은 부분에서 건조해졌다. 아무리 친한 사이라도 다소 거리를 두는 것이 오히려 환영받는다. 개인적인 일에 관여하는 것을 불편하게 받아들이는 문화가 일반적이기 때문이다.

그런가 하면 사회도 다원주의적 가치관이 대세다. 지금 중년들은 과거의 이분법적 가치관, '예스 또는 노'라는 극단적인 선택을 강요

받았으나 요즘 세대는 다르다. 시대에 맞게 가치관도 바뀌고 있으며, 친구를 대하는 방식 또한 사회 분위기에 영향을 받고 있다.

이처럼 많은 부분이 변했지만, 또 한편으로는 변하지 않는 원칙도 있다. 친구를 대하는 자세다. 예컨대 감정이 상한 친구에게 취할 수 있는 최선은 예나 지금이나 같다. 우선 듣고 보는 것이다. 듣기만 해도 상대의 노여움은 많이 누그러진다. 전문가들의 견해도 이와 비슷하다.

"아무리 친한 사이라도 갈등을 주제로 한 대화는 서로의 입장 차이만 부각시킬 수 있어요. 친구도 예외가 아닙니다. 다툼은 이해관계에서 오고, 인식이 어긋나서 생기는 경우가 대부분입니다. 많은 경우 다툼은 듣기보다는 말하려 드는 데서 출발합니다. 다시 말하면, 잘 들어 주는 이가 더 친구 역할을 잘해내고 있는 셈이죠. 사람들은 대부분 자기 얘길 들어주는 친구를 좋아합니다."

많은 경우 말하는 사람보다는 들어주는 이가 인기 있다. 사람들은 늘 위로를 받고자 한다. 사람 심리에는 기본적으로 타인으로부터 인정받으려는 경향이 있다. 그러니 내 이야기를 잘 들어 주는 격의 없는 친구에게 호감이 갈 수밖에 없다.

우리는 듣는 일에 더 신경을 씀으로써 보다 슬기로운 대인관계를 구축할 수 있다. 특히 중년의 친구는 비슷한 인생의 파노라마 속에서 살아 왔다. 들어 줄 사람이 없을 때 우리의 마음은 닫힌다. 반면 귀를 열고 듣는 순간, 친구는 태어난다.

친숙한 이방인

"그 친구와 알고 지내면서 마음 편한 날이 하루도 없었어요. 그 친구의 열정을 내가 감당할 수 있어야 하는데 그 친구는 너무 잘나가고, 에너지 넘치고, 아는 사람도 너무 많고, 영향력이 너무 커서 나를 짓누르더라구요. 그 친구가 내 감정을 상하게 하거나 나를 무시하거나 그런 건 절대로 아니에요. 관계도 좋았죠. 다만 이 친구와 함께 하기에는 너무 힘들고, 벅차다는 거죠. 블랙홀처럼 빨려 들어가는 대신 멀찍이 떨어져서 바라보는 것, 그 정도 사이만 원하게 되더라구요. 나를 잃고 싶지 않았나 봐요. 그 친구는 도전을 즐기는 스타일이라서 저처럼 정적인 경우가 없었죠. 갖고 있는 에너지의 양이 다른 겁니다. 그걸 다 분출할 때까지 그는 결코 잠잠해지지 않을 겁니다. 전쟁에서 돌아온 군인이 잠시 성당에 들렀다고 앞으로도 조용한 생활을 계속할 거라고 볼 순 없잖아요? 우리 관계는 그와 비슷해요."

때로 친구의 기에 눌리는 경우가 있다. 사회적 성취나 학벌 등도 영향을 미치지만, 꼭 그것만은 아니다. 이와는 무관하게 서로 친구로 남기에 어려운 경우도 있다. 나와는 다른 점이 그 친구를 찾게끔 하면서도, 가끔은 그것이 서로를 친구로 남기 어렵게 만든다. 앞서 자신의 친구에 대해 얘기한 유선경 씨의 경우도 그렇다. 자신은 1.5볼트 건전지에 불과해서 조심스럽게 밧데리를 유지해야 하는데, 친구는 번개처럼 수만 볼트의 전류를 지니고 있다는 것이다.

결국 그는 친구의 파워풀하고 역동적인 삶이 부러우면서도 결국 거리를 두기로 했다. 우정을 나누는 사이이고, 그런 친구를 둔 게 자랑스러워도 거기서 멈춰야 한다는 것이다. 게다가 아내가 어쩌다 그 친구 얘기라도 들먹이며 잘나가는 사람이라고 추켜세울 때는 괜히 속이 상하고 반감이 생긴다고 했다. 또 지나친 기우겠지만, 뭔가가 잘못될 것 같은 불안감까지 느껴진다는 것이다. 결국 그는 그 친구와 떨어져 있기로 했고, 그렇게 해서 마음의 안정을 되찾았다.

"나 아닌 다른 누가 되기 위해 친구가 필요한 건 아닙니다. 그건 흡수되는 거지 공존이 아니잖아요. 친구는 친구답게, 나는 나답게 살 때 의미가 있는 겁니다."

이 같은 심적 갈등은 유씨만 겪고 있는 게 아니다. 거리는 타인과 타인 사이를 편안하게 해 준다. 그리고 이 거리를 잘 유지하는 것이 건전한 관계 발전에도 도움이 된다. 사실 그 거리라는 것은, 본래 있었던 것이 아니라 내 스스로 설정하고 준수하는 가운데 생겨난다. 그리고 친한 사이의 거리란 서로를 보다 객관적인 입장에 서게 하며, 그것이 나를 온전하게 지켜 주는 힘이 되기도 한다.

"보고 싶어서 옛 친구를 만났더니 완전히 바뀌어 있다고 생각해 보세요. 정이 붙겠어요? 적당히 변해야 정감도 나는 거죠. 특히나 나이 들어서는 말입니다. 저는 적어도 타인에게 비친 내 이미지를, 시간이 흘러도 어느 정도 유지하고 싶습니다. 마음은 집과 같아서 적당히 개보수 하며 사는 거지, 완전히 뜯어 고치면 낯선 사람으로 보이기 십상입니다. 쉽게 정 붙이기에 너무 어려운 낯선 집처럼 말이에요."

친구 사이가 깨지는 데는 여러 원인이 있지만, 그 중에 서로의 갑작스러운 변화가 작용하기도 한다. 한쪽의 변화를 상대가 감당하지 못할 때, 관계는 어색해진다. 아무래도 친구 사이는 익숙한 구석이 있어야 하기 때문이다.

그렇다면 가까이 하기엔 너무 먼 당신이 되어 버린 친구는 어떻게 대해야 할까? 더구나 그 점 때문에 우정을 지속하기 어려울 때는 말이다.

일단 관계 자체가 힘들어졌을 때는 상대를 우호적인 벗으로 남길 것인가, 친숙한 이방인으로 분류할 것인가를 고민해야 한다. 친숙한 남남이 되는 것도 한 방편이다. 예를 들어 위의 에너자이저 친구를 둔 유선경 씨의 경우는, 그 친구와 가끔씩 만나는 사이로 관계를 재설정했다. 완전한 타인으로 놓아두는 게 아니라 자신의 인식과 태도를 정리한 것이다.

"나이가 드니까 활력도 많이 줄어들었습니다. 펄펄 힘이 넘쳐 일을 벌이곤 하던 것이 눈에 띄게 드물어졌죠. 친구가 말하더군요. 예전엔 그렇게 의미 있던 일들이 이제는 별로 뜻 깊게 다가오지 않는다고요. 평범해도 꾸준한 게 오히려 나아 보인다는 얘기입니다. 사람에 대한 믿음이 갑자기 사라진 걸 느끼기도 하고, 그때마다 내가 뭐 때문에 이렇게 집착하나 생각하게 된다고 합니다. 이런 얘기가 다 징조 아니겠어요? 나이가 들고 약해지기 시작하는 거, 이제는 앞보다는 뒤를 봐야 하는 거죠."

감당할 수 없는 친구는 절친한 사이 대신 친숙한 이방인으로 남겨 둘 수 있다. 물론 그런 친구에게도 배려와 애정을 잃지 않는다면 더할 나위 없을 것이다. 이런 면에서 친구를 만난다는 것은 어떻게 보면 아이러니다. 만나되 그에 얽매이지 않을 때, 오히려 인생의 친구들을 자연스럽게 만나 갈 수 있다.

슬기로운 친구가 되기 위한 11가지 원칙

1. 털어놓기보다는 받아 주는 친구가 되자

이것은 누구나 경험을 통해 아는 일이다. 누군가 나를 받아 준다는 것은 행복한 일이 아니던가. 그렇다면 내가 원하는 이것을 남들에게도 해 주자.

2. 임금님 귀는 당나귀 귀라는 사실을 말할 수 있는 친구, 반드시 필요하다

누구에게도 털어 놓지 않는 비밀을 말할 친구를 만들자. 내가 터놓고 얘기하면, 그도 진지하게 얘기를 들어 줄 것이다. 또 비밀이 샐까 염려하지 않아도 된다.

3. 잘못했을 경우엔 즉시 사과하라. 상대에게 잘못이 있더라도 마찬가지다

맞불 작전은 금물이다. 사과는 굴종이 아니다. 상대는 그 국면의 미묘한 차이를 분명히 인지하고 있다. 그러니 안심하고 먼저 사과하라. 불은 꺼지고, 우정은 회복된다.

4. 가까운 거리도 거리다

아무리 친한 사이라도 거리를 무시하면 엄청난 저항을 받게 된다. 모든 국면엔 충격을 완화해 주는 완충 장치나, 그 같은 시기가 있다. 우정에서의 완충 장치는 일정한 거리를 두는 것이다. 너무 가까우면 오히려 감정의 조절 기능을 잃는다. 거리를 잘 설정하자.
슬기로운 인생은 거리 조절에서 시작된다.

5. 양극과 그 사이에 걸쳐 있는 친구를 사귀어라

같은 직업, 같은 관심사를 가진 친구만 사귄다면 풍부한 경험을 쌓을 수 없다. 어릴 때는 또래 집단에서 친구를 찾지만 나이가 들면 범연령층, 범관심층, 범국민적, 범세계적 친구를 사귀어야 한다. 지금 우리는 초점은 흐려지고 폭은 넓어진 세상에 살고 있다. 극을 초월한 친구 군을 갖는다는 것, 바로 글로벌 시대의 요청이다.

6. 오랜 친구에게 더 많은 시간과 관심을 투자하라

이는 마케팅 원리와도 비슷하다. 신규고객을 확보하는 노력보다 중요한 건, 기존 고객을 지켜내는 것이다. 중년의 친구 사귀기도 비슷하다. 오랜 친구는 향기도 짙다. 누가 짧게 만난 사람과 인생을 논하고 싶어 하겠는가?

7. 사는 멋을 아는 친구를 만나자

멋없는 인생에 꽃이 필 리 없다. 그런 친구는 인생에 향유香油가 되어 주지 못한다. 멋을 아는 친구야말로 늙어서도 함께 즐거움을 나눌 수 있다. 내 스스로 그런 친구가 되도록 인적 관계 계발에 힘을 쏟자.

8. 일관성 있는 친구는 믿음을 준다

잘나가던 정치인이 한순간 몰락하는 이유를 보자. 정치적 수환이 부족해서라기보다는 수시로 입장을 바꾼 까닭이다. 친구도 마찬가지다. 쉽게 변하는 술에선 제 맛이 나올 리 없다. 진득하고 꾸준한 친구를 사귀자.

9. 보답형 인간이 되자

신세를 지고도 보답하지 않으면 친구도 줄어든다. 특히 경조사를 챙겨 준 친구에게는 반드시 고마움을 표시하자. 그가 슬픔에 처하면 반드시 찾아가 위로하자. 우정은 귀찮은 일을 몸소 행하는 것에서부터 유지, 발전된다.

10. 도움을 준 일은 잊어 버리자

자신이 도와준 것을 자꾸 되뇌다 보면 그 때문에 갈등이 생겨난다. 내가 이만큼 도와줬는데, 상대도 이 정도는 해 줘야지

하는 기대 심리 때문이다. 그러다 보면 결국엔 실망스러운 구석만 발견하게 된다. 도움은 확실하게 주고 그 다음엔 철저히 잊어라. 도와주었다는 사실을 잊는 것은 인간관계를 위한 가장 현명한 태도 중 하나다.

11. 꿈을 간직한 친구가 되자

오랫동안 만나지 못했으나 기억 속에 살아 숨 쉬는 친구가 있는가? 물론 함께 쌓은 많은 경험과 추억도 중요하지만, 보다 인상 깊이 남는 친구는 꿈을 간직한 친구다. 중년이라면 거창한 꿈은 아니라도 주변 친구들에게 그리움을 안겨 주는 꿈을 가지자. 꿈을 꾸는 한 우리는 친구로 거듭날 수 있다.

제4장
더불어 가는 사람

세상의 아픔을 돌아보는
중년의 나이가 되면,
경쟁이란 걸 집어 던지고
인생에서 가장 큰 우호자가 될 수 있다는 걸
깨닫게 된다.

인스턴트 친구

"만나는 사람은 많아졌는데 친구는 오히려 줄고 있어요. 뭔가 문제가 있나 봅니다. 평생 살아오며 맺은 인간관계가 뿌리째 흔들린다는 느낌이 듭니다. 빨간 신호등이 켜지고 있어요. 군중 속의 고독이라는 말이 딱 맞는 것 같아요. 사람들 속에서 더 외로움을 느끼고 있으니, 이제 나도 현대인의 일원인 셈이죠. 문제는 다들 그렇다는 건데, 그걸 알면서도 타인에게 우호의 손을 내밀기가 쉽지 않습니다. 모두들 너무 형식과 현실의 가치, 지위 같은 것에 얽매여 사는 것 같아요. 담장을 뺑뺑 둘러쌓는 일에 몰두하니, 이러다간 인간관계에서 독방살이를 하며 살게 되는 건 아닌지 걱정스럽습니다."

심리 상담 일을 하고 있는 김 원장은 현대인이 지닌 고독감에 대해 이렇게 한탄한다. 동서양을 가리지 않고 요즘은 문명이 가져다 준 물질적 풍요 너머로 고독감이 뿌리 깊다. 누군가와 친구가 되고 싶어도 그냥 외로운 섬으로 남아 쓸쓸하게 이 세상을 살다 간다니 얼마나 슬픈 일인가. 나는 김 원장의 얘기가 현대인의 고립감을 반증하는 것처럼 느껴져 씁쓸하기만 했다.

즐거움을 줄 수 있는 친구는 생각처럼 쉽게 얻어지지 않는다. 근래 들어 사회적 만남의 횟수는 늘었는데 고립감은 오히려 증가하는 추세다.

미국의 한 설문조사에 의하면 친구 부재가 심각한 사회 문제로 떠오르고 있다고 한다. 응답자의 상당수가, 고민을 털어 놓을 수 있는 절친한 친구가 1985년에는 평균 2.94명에서 2004년에는 2.08명으로 약 3분의 1이 줄어들었다고 답했다. 이런 고립감은 우리도 다르지 않다. 갈수록 친구가 줄어들고 있다. 많은 이들은 그 원인을 인터넷 보급에서 찾지만, 사실 이 말고도 원인은 얼마든지 많다. 함께 움직이는 협업보다는 분업화를 추구하고, 고립적 삶을 가능하게 한 사회 시스템 등이 그것이다. 물질이란 분명히 인간 사이의 긴밀한 관계와는 상쇄되는 경향이 있다.

예를 들면, 많은 이들이 밖에서 만나던 친구를 인터넷의 익명 친구들로 대체하고 있다. 그렇게 쉽게 만나다 보니 헤어짐도 쉬울 수밖에 없다. 또, 쉬운 헤어짐을 전제로 한 만남에서는 삶의 진지한 단면을 찾아보기도 어렵다. 길고 긴 인생 여정을 걸어가야 하는데, 이 같은 인스턴트 관계를 인생 파트너로 삼기에는 역부족이기 때문이다.

인스턴트 친구가 쉽게 양산되는 사회 속에 살다 보니, 나눌 수 있는 경험도 즉물적일 수밖에 없다. 예전에는 '친구' 하면 깊고 진지한 대화 속에서 인생의 나침판 역할을 해 주는 사람을 떠올렸지만, 요즘 시대의 '친구'는 어떤 면에서 편리한 정보 제공자에 지나지 않는다. 더불어 살면서도 외로울 수밖에 없는 이유도 바로 이 때문이다.

더 큰 문제는 우리가 이런 현실을 계속 반복하고 있으며, 더 나아가 극단적으로 이를 재생산하고 있다는 점이다. 그러다 보니 서로의 마음 깊이 들어서는 일도 더 어려워졌다. 아마 이 시대를 사는 대다수가 이것이야말로 우리가 직면한 현실이라는 것을 부정하기 어려울 것이다.

우리는 일상적으로 정보 획득을 위해 많은 사람을 만난다. 하지만 이제는 인터넷에서 클릭 한 번만으로도 전문적인 정보쯤은 얼마든지 찾을 수 있다. 그리고 우리는, 내가 가지지 못한 정보를 인간적 예의 없이도 신속하고 광범위하게 얻을 수 있다는 편리함 때문에 인터넷 검색에 매달린다. 그렇다. 확실히 인터넷은 편하다. 정보 자체가 목적이라면 사실 인터넷만큼 좋은 도구도 없는 셈이다.

그러나 친구는 다르다. 우리는 백과사전을 뒤지듯 원하는 정보만 얻어내는 관계를 친구라고 부르지는 않는다. 백과사전에는 문제를 공유하는 태도가 아닌, 문제에 대한 해답만이 존재한다.

반면 친구는 주어진 현실과 거기서 생기는 문제를 함께 풀어 나가는 동반자적 관계다. 무엇이든 척척 말해 주는 백과사전을 곁에 두었다고 해서, 그 백과사전과 마음까지 나눌 수는 없다. 하지만 친구와는 삶의 즐거움과 더불어 크고 작은 묘미를 나누게 된다.

우리는 이제 누구에게 친구가 되어 줄 필요가 있다. 만나는 모든 사람들과 힘들어도 친구가 될 수 있다. 함께 살아가면서 보다 인간적인 태도를 지니고, 또 그 같은 태도가 남들에게 긍정적인 영향을 미친다면 이 역시 많은 이들의 친구로 살아가는 것과 다르지 않을 것이다. 남을 배려하고 이타적인 태도를 취함으로서 즐거운 커뮤니티를 만드는 데 일조하게 되는 셈이다.

이 사회의 좋은 친구가 되어 주는 것, 그것이 지금 우리가 할 수 있는 최선이다. 바로 지금 나부터 시작한다면, 앞으로 우리 주변에도 훨씬 흥미롭고 즐거운 일들이 벌어질 것이다.

부부도 친구다

인생을 살며 가장 가까운 친구는 누구일까?

젊었을 때는 연인일 테고, 결혼해서는 바로 내 삶의 절반을 지켜주는 사람, 배우자일 것이다. 힘들 때 배우자는 곁에서 용기를 북돋아 준다. 배우자를 끔찍이 위해야 하는 이유를 꼽자면 말 그대로 백가지가 훨씬 넘겠지만, 무엇보다도 그래야 하는 이유는 그 사람이 내 평생 친구이기 때문이다. 배우자와 친하다는 것은 그와 더불어 삶과 의식과 감정을 공유한다는 뜻이다.

그러나 허약한 부부 관계에서는 이런 공유 부분이 상대적으로 적다. 아니, 나중에는 그 공감이 완전히 사라지기도 한다. 주변을 둘러

보면, 행복한 여생을 사는 방법은 그다지 멀리 있지 않다는 것을 깨닫게 된다. 가까운 곳에 있는 가장 친한 친구에게 관심과 사랑을 베푸는 것이다. 그리고 이 사실을 망각할 때 배우자는 타인이 되고, 가정은 그 타인과 함께 고립된 감옥으로 변한다.

흔히들 '인생이란 내숭녀와 황당남이 만나 가정을 꾸리는 것'이라는 농담이 있지만, 부부도 살다보면 서로 거리낌 없어지게 된다. 또 중년에 이르러서는, 어느 정도 세상을 안다고 하지만, 가만 보면 정작 아는 게 별로 없다. 아내는 남편이 직장에서 어떤 고충을 겪고 있는지를 모르고, 남편은 아내가 집에서 얼마나 힘든 가사노동을 하고 아이들에게 잔신경을 쓰는지 모른다. 더구나 바빠서 허둥거리다가 보면 얘기조차 마음껏 나누지 못한다.

부부 사이도 친구다. 이럴 때는 친구와 얘기하듯 마음껏 수다를 떨고 마음을 나누는 시간이 필요하다. 사람의 속내라는 것은 털어놓지 않으면 켜켜이 먼지가 쌓인다. 더 늦기 전에 부부 사이에 낀 먼지를 닦아 내자. 사실 그렇다. 세상에서 가장 친한 친구에게 이 정도 신경 못 써 주겠는가?

직장 안에 친구

학창 시절 친구를 떠올리면 크게 두 가지 이미지가 떠오른다. 하나는 만나고 어울리고, 미팅에 나가고, 함께 놀기 좋은 친구들이다. 그 시절은 인생에서 누릴 수 있는 모든 우호적 관계를 만끽하는 시기다. 다시는 돌아오지 않는 호시절이라고 할까? 당시에는 빈 주머니로 친구를 만나도 모든 게 즐겁고 재미있었다.

다른 하나는 지금 생각하면 정말이지 쓸데없는 경쟁 심리로 바라보았던 친구들이다. 우리는 작은 경쟁심에 부추김을 당해 항상 티격태격했다. 누구나 성장하면서 이런 일을 겪지만, 돌이켜 보면 왜 그랬을까 하는 생각뿐이다. 특히 인생의 방향이랄까, 가는 길이 서로 달라지던 스무 살 때부터 이런 경쟁심도 본격적으로 불붙었던 것 같다. 철없는 해프닝 같은 그 경쟁의 논리 말이다.

그렇다면 지금은 어떤가. 이제는 예전의 경쟁심, 그런 것들은 사라졌는가? 오히려 먹고사는 문제로 서로를 질투하는 그런 삶을 살고 있는 건 아닌가?

직장 동료도 학교 친구처럼 대할 수 있으면 좋겠건만 머리 굵어 만난 사람들은 영 그러기가 쉽지 않다. 다들 삼가고, 가리고, 조심해야 한다. 자칫하다가는 오해가 생기거나 관계가 악화된다. 하지만 그럼에도 불구하고 직장도 사람 사는 곳이고, 사람을 만나게 되는 곳이다 보니 인간적 정이 쌓인다. 부대끼는 게 버겁다가도 어느 순간에는 인간미가 생겨나는 것이다.

아무래도 사람이란, 어디서 구르든 누군가에게 의지하지 않고는 참지 못하는 동물이다. 게다가 같이 먹고 일하다 보면, 자연스레 접촉하는 면도 넓어진다. 때로는 함께 하던 일이 잘 풀려서, 때로는 사람 자체가 좋아서, 직장 내에서도 각별히 친한 친구를 만나게 된다. 공적 장소에서 사적인 우정이 싹트는 셈이다.

이는 아주 바람직한 일이지만, 또 하나 점검하고 넘어가야 할 부분이 있다. 아무리 좋은 관계라도 직장 내에서 만들어가는 우정에는 각별한 선이 필요하다는 것이다. 업무 외적인 친밀성이 자칫 선을 흐릴 수 있기 때문이다. 따라서 사회 친구 간에는 관계의 불명확성에 빠지지 않으려는 노력이 필요하다. 심지어 어떤 경우 그것은 불필요한 경쟁심만큼이나 위험하다. 분별없는 우정이 관계를 악화시킬 수 있고, 더구나 이윤 추구를 위해 모인 직장의 본질을 흐려 반감을 살 수도 있다.

  직장은 학교가 아니다. 좋아하는 일만 있는 것도 아니고, 누구는 지시를 하고, 누군가는 지시를 받아야 하는 상황이 필연적으로 벌어진다. 심지어는 하기 싫은 일도 해야만 한다. 그럴 때 상대와 친하다는 이유로 개인적 감정이나 관계를 전면에 내세운다면, 나중에는 그 실수를 주워 담기 힘들어질 수도 있다. 따라서 공적인 영역과 사적인 영역 간에 분명한 기준을 가질 필요가 있다.

  사실 본의든 본의가 아니든 사회 친구는, 특히 밥그릇과 관련되어 맺은 관계들은 여러 면에서 많이 신경 쓰이게 마련이다. 여기서 그 친구를 배려하고 싶다면, 그를 안전지대에 놓아두어야 한다. 그리고 이런 확고한 태도가 부족하면 오히려 그 우정은 만나지 않으니 못하다.

  아는 친구가 어느 날, 상사와 동료에 대한 어려움을 토로해 왔다. 한쪽은 너무 냉정하게 공적 관계만을 요구하고, 다른 한쪽은 너무 가까운 듯 다가온다는 것이다. 전자는 한 번도 사적인 술자리를 가져 본 적이 없을 정도로 반듯해, 어디를 보나 바늘 하나 들어갈 데가 없었다. 심지어는 회식 자리에서조차도 넥타이를 반듯이 매는, 이를테면 유연성이라곤 조금도 찾아 볼 수 없는 유형이었다. 이런 사람들은 아마 오뉴월에도 찬바람이 쌩쌩 부는 축일 것이다.

후자는 걸핏하면 술로 해결하려고 드는 유형이었다. 친구는 그런 유형을 가리켜 '엉기는 형'이라고 표현했다. 뭐든 사적인 영역으로 끌고 들어가 엉기고 뭉개려 한다. 심지어는 그 사람이 한 번이라도 제대로 몸을 가누는 걸 봤으면 하고 바랄 정도였다고 한다. 공적인 면이라곤 눈 씻고 찾아 봐도 없는, 모든 것을 관계로 해결하려고 들어서 같이 일하기가 무척 힘들었다고 그는 말한다.

결과적으로 이 친구는 좀 더 쾌적한 만남, 관계를 갈구하고 있었다. 또한 그는 많은 사람들이 이런 비슷한 공통점이 있으며, 모두들 자신의 울타리나 껍질 밖으로 나오려 들지 않는다고 토로했다. 진솔하게 이야기를 나눌 수 있는 입장이 아닌 터라, 관계를 진척시키기에도 어려움이 많다는 것이다. 하긴 만나고 나서도 뒤탈을 걱정해야 하니 관계가 진전되기 어려울 만도 하다.

이처럼 직장에서의 많은 관계들이 상상 이상으로 폐쇄적인 형태를 띠고 있다. 특히 감정과 일, 혹은 이해관계가 만나는 지점에서는 말이다. 더구나 산전수전 다 겪은 직장 생활 이십 년차쯤 되면 눈치가 백 단이다. 뻔히 알면서도 모른 척하고, 괜히 너스레를 떨고, 노회한 언행을 보인다. 내 친구는 바로 이게, 다 사람을 통 크게 받아들이지 못해서 벌어지는 일 아니냐고 반문한다.

"우리 사회는 아직 이런 사람이 점잖은 사람으로 비춰진단 말이야. 진정으로 마음을 열어본 적이 없는 갑각류의 사람들 말이지."

그가 늘 하는 말이다.

지나친 경쟁은 순수한 신뢰 형성을 방해한다. 하지만 직장 내에서도 얼마든지 훌륭한 친구를 사귈 수 있다. 직장은 돈을 버는 곳인 한편, 대인관계를 확장하는 곳이기도 하기 때문이다. 더 나아가 이곳은 모든 일이 사람을 통해 이루어지는 곳이다. 물론 직장 내에서 친구를 사귀는 일은 쉬운 일이 아니고, 지켜야 할 선 또한 확실하다. 그러나 사람을 친구로 맞이한다는 것은 언제나 일정한 위험이 따르는 일이다. 그리고 아무리 위험 부담이 있다 한들 그것을 피하려고, 홀로 외로운 소나무처럼 남을 수는 없지 않은가.

다양한 연령의 친구

예전 내 직장 상사 한 분은 사회 생활을 하다 보면 앞뒤로 십 년까지는 친구가 될 수 있다고 말씀하시곤 했다. 나 역시 그분의 주장에 동의하는 편이다.

사십 줄을 넘고 나면, 사실 나이는 큰 문제가 아니다. 누굴 만나도 말 그대로 함께 늙어가는 사이 아닌가. 특히 경제적 목적을 추구하는 관계에서는 더더욱 그렇다. 서로 먹고살려고 만난 사이에 나이가 무슨 큰 의미가 있을까 싶다. 이처럼 나이는 고정불변의 상수가 아니다. 오히려 생활 변수이자 환경 변수인 셈이다.

사회 생활을 하다 보면 나이 차가 나는 사람들을 만날 수밖에 없는

데, 그들과 친구가 되는 것도 가능할까? 다양한 연령층의 사람들에게서는 무엇을 배울 수 있을까?

아는 친구 중에 사람을 사귀는 데 특별한 재능을 가진 친구가 있다. 그는 대충 비슷한 나이다 싶으면 먼저 말을 놓고 다가간다. 반말 비슷하게 쓰지만, 워낙에 붙임성이 좋아 오해를 받거나 하지는 않는다. 워낙 유머러스하게 다가오니 상대는 어떤 인사말을 꺼낼까 망설일 필요도 없고, 긴장하지도 않는 것이다.

내 경우는 완전히 다르다. 나이가 들면서 예전의 경직된 면은 줄었지만, 어린 시절 엄격한 유교적인 가정에서 자라난 탓에 서른 살 무렵까지는 상대를 깍듯하게 대하는 게 몸에 배어 있었다. 그래서 그런지 간혹 경상도 친구들의 "왜 그러노?" "뭐라케 쌌니?"는 식의 반말투를 들으면 무시당한 느낌이 들기도 했다. 심지어는 군대 가서 팔도에서 온 사나이들이 쓰는 거친 사투리들을 듣고 커다란 충격을 받기도 했다.

그런 내가 이제는 경상도, 전라도, 강원도, 충청도를 넘어, 그보다 먼 세계의 사람이라고 해도 과언이 아닌, 나이대가 다른 사람들과 친구가 되려 하고 있다. 내가 이렇게 변한 데는 그만한 이유가 있다. 나이 차가 있는 사람과 친해진다는 것은 그야말로 놀라운 일이기 때문이다. 다양한 연령층이 겪는 경험뿐만 아니라, 삶의 다른 이야기들을 들을 수 있다.

한번은 주말 저녁 우리 아파트 상가 호프집에서 집사람과 맥주를 마셨다. 무더위 때문에 동네 사람들이 몰려 나와 맥주 집은 그야말로 밤늦도록 손님이 넘쳐났다. 그날 주인인 김 사장이, 단골 관리 차원에서였는지 대뜸 다가오더니 내 평상 옆에 걸터앉아 우리 아이와 그 집 아이가 같은 학교에 다닌다며 말을 건네 왔다. 나는 아이가 몇 학년이냐고 물어 보았고, 곧 김 사장의 아이가 우리 아이와 친한 친구라는 것을 알게 되었다. 가만 보니 그는 나보다 훨씬 연배가 많아 보였다. 사정을 듣고 보니, 그 집 아이는 한참 늦둥이였고, 그래서 김 사장은 쉰 넘은 나이에 초등학생을 둔 학부모 입장이 되어 있었다.

그렇게 우리는 이야기를 시작했고, 그렇게 흥이 올라 맥주 잔을 비웠다. 그는 어린 시절 이야기부터 하사관으로 제대를 한 후 산전수전을 겪은 인생 여정까지 고스란히 풀어 놓았다. 듣자하니 한때는 직원을 열 명 씩이나 둔 회사의 사장이기도 했단다.

그런데 그가 했던 말 중에 특히 기억에 남는 이야기가 있었다.

그는 친구가 무척 많은 사람이었다. 그는 동네 반장과 경로당 노인들과도 면식이 깊었고, 군대 동기 모임, 다니는 종교 단체, 그 외에도 각종 단체의 구성원으로도 왕성하게 활동하고 있었다. 그의 말마따나 장사에 도움되는 사람들도 있지만, 대다수의 사람들은 이익과는 무관했다. 그리고 그가 이렇게 많은 사람들을 알고 지내는 데는 남다른 이유가 있었다.

그는 이십여 년 전 부친이 돌아가셨을 때 동생과 단둘이서 장사를 치렀다. 조문객 한 명 찾아오지 않는 장례식장은 너무 쓸쓸했고, 그는 슬프고 비참한 생각에 몸부림을 쳤다고 한다. 그 후로 그는 무조건 사람은 많이 사귀고, 친구도 많이 만나야겠다고 생각했다. 아는 사람이 많을수록 시간이나 돈은 많이 들겠지만 어머니의 장례식장만큼은 절대 초라하게 비워 두고 싶지 않았고, 지금까지도 그 일념으로 지극정성을 다해 사람들을 대하고 있었다.

김 사장과 알게 되면서 나는 놀라운 사실을 발견했다. 정말이지 우리는, 너무 정해 놓고 사람을 사귀고 있다는 점이다. 그 전까지만 해도 나한테 친구라는 건 비슷한 연령대에 비슷한 신분으로 어느 정도 뜻이 맞는 사람을 의미했지만, 김 사장의 경우에는 달랐다. 그는 나이와 신분을 뛰어 넘어 그야말로 수많은 연령대의 친구 군을 유지하고 있었다. 내가 그를 부러워했을까? 물론이다.

그는 친구를 사귀기 위해 많은 노력을 했다. 가게를 아내에게 홀로 맡기면서까지 내 일 보듯 남 일을 도왔다. 오죽했으면 선거철마다 각 정당에서 전화통에 불이 나도록 그에게 연락을 해 오겠는가.

나는 그런 그의 지극한 노력, 시원시원하고 탁 트인 성격에 호감을 갖지 않을 수 없었다. 누구도 연령대와 직업대를 넘은 친구를 사귀라면 김 사장 같은 사람을 사귀게 되지 않을까? 그렇다. 먼저 다가와 우호적인 감정을 표하는 김 사장 같은 사람이라면, 얼마든지 친구가 되고도 남을 것이다.

채팅으로 만난 친구

 중년에 접어든 이들 중에도 인터넷 채팅을 통해 친구를 사귀는 사람들이 많아졌다. 말마따나 때로는 '마음 둘 곳을 몰라' 채팅 방에 들러 친구를 찾고, 때로는 호기심에 이성을 만나기 위해 그 문을 두드리기도 할 것이다. 인터넷이 주는 익명성과 인스턴트적인 속성을 최대한 활용해, 자신을 드러내지 않고도 상대가 누군지를 파악하면서 고독함을 달래는 것이다.
 목적도 방법도 조금씩 달라서 채팅을 통해 일탈을 선택하는 사람이 있는가 하면, 그저 따분한 머리를 잠깐 식히는 사람들도 있다. 그들은 나름대로의 노하우가 있어 채팅을 통해 알게 된 사람에게 전화를 걸 때는 공중전화를 이용해 자기 전화번호를 철저히 숨기기도 한다.

현대인을 가리켜 콘크리트에 갇힌 고독한 섬이라 부른다. 밀물처럼 밀려드는 고립감을 지칭하는 말이다. 이런 이들과 오랫동안 상담을 진행해 온 한 정신과 의사는, 근래 많은 이들이 일정한 위험 수위에 이른 환자가 되어 가고 있다고 말한다. 어떤 사람들은 도가 지나쳐 스스로 함정에 빠지기 하고, 어떤 사람들은 너무 이기적인 양태를 보인다. 양쪽 다 뭔가 정신적으로 문제가 있다는 얘기다.

채팅을 통해 누군가의 친구가 된다는 것은 글쎄, 문명의 혜택인지, 우리의 외로움을 극단적으로 보여 주는 사례인지 가늠이 어렵다. 아무튼 아는 사람으로부터 중년 남자들의 채팅 친구 이야기를 듣는 내내 답답한 마음이었다. 하지만 여기에 꼭 부정적인 요소만 있는 건 아니다. 그나마 이런 대화조차 없다면 얼마나 갑갑하고 슬플 것인가. 그렇다. 문제는 채팅 자체가 아닐지 모른다.

생각해 보면 소통 수단 자체는 문제될 게 없다. 인터넷 채팅도 잘만 활용하면 훌륭한 의사소통의 수단이 될 수 있다. 바빠서 만날 짬이 나지 않을 때 친구들과 채팅이나 이메일 등을 이용해 접촉을 유지하는 것도 좋은 방법이다. 잠깐이라도 만나 커피를 마시거나 밥을 먹으며 얘기를 할 수 있다면 더할 나위 없겠지만, 그렇지 못한 경우에는 말이다.

내게 이메일로 시를 보내 주는 친구가 있다. 자신이 읽다가 괜찮은 것을 골라 보내 주는데, 나는 그 한 편의 시에서 잠시 동안이나마 여유를 맛본다. 그가 보내 준 시를 읽는 시간은, 내 마음을 점검하고 위로하는 시간이기도 하다. 어떨 때는 오래 전 메신저에 등록해 놓은 친구가 갑자기 접속해 말을 걸어오기도 한다. 이처럼 나를 아는 누군가와 접촉한다는 것은 그 자체로 희망적이다.

하지만 인터넷보다는 퇴근길에 만나 좋은 한때를 보내는 이들도 많다. 내 친구들 중에는 정기적으로 수다를 떨기 위해 약속을 잡는 이들도 있다. 친구들과 함께 하는 식탁 위에는 사는 이야기, 가정사, 회사 일, 정치 얘기, 집값 얘기 등 어떤 주제든 올려 놓을 수 있다.

얼마 전 한 친구가 인터넷을 통해 누군가를 알게 되었다며 그 사연을 무용담처럼 늘어놓았다. 나는 넋을 잃고 그 얘기에 귀 기울였다. 나처럼 겁 많은 졸장부들은 엄두도 내지 못할 얘기를 듣다 보니, 참으로 놀랍다는 생각이 절로 들었다.

얘기인 즉, 채팅방에서 어떤 아주머니를 만났는데 서로 호기심이 동해 밖에서 만나기까지 했다는 것이다. 그저 그런 부류겠지, 하며 나갔는데, 만나 보니 의외로 교양 있고 따뜻한 사람이더라는 거다. 왜 나왔냐고 물으니까 그쪽은 왜 나왔느냐고 역으로 묻더란다. 그래서 친구가 심심해서, 라고 답하니까 자기도 그렇다고 하더란다. 친구는 자기도 모르게 웃음이 나왔는데 이런 저런 얘기를 하다 보니, 은연중에 가졌던 선입관이 깨지는 것을 느꼈다고 한다. 그 여자가 "인생, 참 심심하지 않아요?"라며 천연덕스럽게 묻는 바람에 불현듯,

'심심? 그게 인생이지……. 다들 뻔하구나.' 하는 생각이 들더란다. 그래서 갑자기 인생이 서글퍼지며 호기심은 쑥 들어가고 자기 연민이 생기더란다. '내가 왜 여기까지 왔나? 누구라도 붙잡고 얘기하고 싶어 그랬나 보다.' 하는 생각 말이다.

즉 친구는 중년의 나이에 다른 이성에게 관심을 가진다는 게 부끄러웠는데, 정작 알고 보니 그게 호기심이 아니라 친구가 필요해서, 얘기할 상대가 필요해서 그런 것이었음을 깨닫고 자신도 모르게 슬퍼졌다고 한다.

경험상 그는 채팅에서 만난 사람들을 두 가지로 분류했다. 하나는 돈과 이성에 대한 욕구 때문에 나온 사람들, 다른 부류는 정말 대화할 상대를 찾아 나오는 사람들.

나는 고개를 끄덕였다. 그럴 수도 있겠구나, 하고 말이다.

"인간은 참으로 복잡해. 어떨 땐 너무 단순하고. 다들 외로워하더군. 뭐가 외로운지 실제로는 자기도 몰라요. 그저 누군가와 얘기하고 싶은 거지. 정말 우린 너무 사람에 대해서 몰라도 너무 몰라. 친구에 대해선 말할 것도 없고. 이 서울이란 도시엔 적어도 몇 백만 척 되는 배들이 있을 거야. 그냥 떠돌아다니는 배 말이야. 발이 땅에 닿지 않으니까 그냥 둥둥 떠 있는 거지. 어렸을 때 물놀이 할 때 좀 깊은 물에 빠져 있을 때처럼 말이야. 다들 그런 것 같아. 내가 인터넷에서 만난 사람들, 뭐 특별히 문제 있는 사람들은 아니더군."

이 친구, 지금도 어딘가에서 인터넷에 접속해 건성으로 대답하거나 구구절절한 신호를 쏘아올리고 있을지 모른다. 나는 그의 이야기를 들으면서 그 여자와 좀 더 진행된 이야기가 있냐는 둥의 질문은 하지 않았다. 진짜 묻고 싶은 건 따로 있었기 때문이다.

"그럼 너는 가끔씩 다른 사람들에게 좋은 친구가 되고 싶어? 네가 바랐듯이 이야기를 들어 주는 그런 친구 말이다."

그러나 끝내 나는 입을 다물었다. 지금도 컴퓨터 모니터 앞에 앉아 있을 수많은 사람들, 과연 그들 마음엔 무엇이 꿈틀거리고 있는지, 어쩌면 나는 그걸 확인해 보고 싶었는지도 모르겠다.

●
오늘도 어제처럼 지쳐 있는데
달빛처럼 다가와 등을 쓰다듬어주는 벗 하나 있었으면.
그와 함께라면 칠흑 속에서도
다시 먼 길 갈 수 있는 벗 하나 있었으면.

작은 인사가 친구를 만든다

《평생의 친구》의 저자 스티븐 덕은 하루를 마칠 때, 오늘 사람들과 나눈 대화 중에서 가장 중요한 몇 마디를 회상해 보라고 권한다. 그에 의하면, 가장 중요한 대화는 대개 이 분 내지 삼 분 내에 끝난다. 즉 당신이 사랑하는 친구들이 했던 말들 중에 정작 기억에 남는 말은 인생의 의미에 관한 긴 대화가 아니라, "면접 잘 봐." 같은 간단한 말이라는 것이 그의 주장이다.

그뿐인가. "잘되어 가고 있지?" "힘 내." 같은 간결한 말들은 그 길이와 상관없이 큰 위력을 발휘한다. 이런 말은 함께 생활하는 관계가 공유한 공감대를 함축적으로 드러낸다. 즉 이 말은 서로가 서로에게 관심이 있고, 서로에게 어떤 일이 진행되고 있는지를 알고 있다는 뜻으로 강한 유대감을 내포한다.

한때 내 직장 상사였던 분은 아침에 만나는 사람마다 간단한 인사말을 건네곤 했다. 그는 마치 탁구공처럼 통통 튀듯 경쾌한 인사말을 통해 회사 내에서 자신을 제대로 포지셔닝 했고, 자연스럽게 사람들을 끌어 모았다. 부하 직원들에게는 심지어 직위를 넘어 동료 의식까지 느끼게 해 주었다. 얼마 안 가 그는 대다수 직원들에게, 회사 내에서 문제가 생기면 가장 먼저 찾아가 털어놓는 상담자가 되었다.

"좋은 아침이네, 신나지 않은가?"
"오늘도 좋은 일이 생길 것만 같아. 느낌이 썩 좋아, 그렇지?"
"오늘 아침은 특별히 상쾌하군."

이런 얘기들은 스트레스에 찌들어 출근하는 부하 직원들에게 비타민처럼 상쾌하게 다가왔고, 그러다 보니 자연스럽게 부하 직원들도 그와의 대화를 즐기게 되었다. 즉 그는 가볍고도 기운 넘치는 방식으로 상하 간에 정서적 리더십을 발휘한 것이다.

그는 이렇게 말한다.

"부하들이 때론 나를 친구처럼 느끼도록 해 주는 거죠. 후원하는 느낌이 들도록 하면 됩니다. 친구는 어디서든 오는 거죠. 다만, 서로가 책임을 지닌 사이라는 걸 분명히 해 두어야 합니다."

우리는 일상적인 이야기들을 함께 나누고, 일상적인 경험을 공유하면서 점차 친밀해진다. 즉 관계의 밀도가 견고해진다는 말이다. 우리가 매일 나누게 되는 대화, 그 대화의 힘은 어디서든 발휘된다. 학교나 직장, 혹은 지역 커뮤니티나 학부모회, 이 모든 모임에서 대화의 힘은 가장 중요하고 요긴하다. 우리는 소소한 대화를 통해 낯선 사람들과 우정을 쌓고, 이를 돈독히 할 수 있다.

한번은 집사람이 학부모회에서 겪었던 경험을 얘기해 주었다. 처음으로 만나게 된 부모들과 아주 짧은 몇 마디로 공유의 폭을 넓힐 수 있었다는 것이다.

"댁의 집 아이와 우리 집 애가 친하더라구요."

이 말 한마디에 부모들은 아주 쉽게 서로 간에 연대감을 느꼈다. 그리고 이런 교우 관계는 더 많은 대화를 통해 확장된다.

이처럼 친구와 만남은 대개 특별한 계기를 통해서라기보다는 생활 속에서 이루어진다. 작은 화젯거리로도 서로를 이해할 수 있는 폭을 얼마든지 늘릴 수 있다는 뜻이다. 그런 면에서 일상은 결코 작지 않다. 오히려 일상은 위대한 비밀을 내포한, 아직 드러나지 않은 시간이다. 반복 속에 숨겨진 놓치기 쉬운 진리가 바로 여기 자리 잡고 있는 것이다.

얼마 전 집 근처 차량 정비소에서 엔진 오일을 갈아 넣게 되었다. 문득 일하던 직원이 오일을 갈아 넣으면서 동네 사람들이 많이 변했다는 이야기를 꺼냈다. 동네가 발전하고 아파트 단지가 들어서면서 풋풋한 정보다는 서로를 남남처럼 대하는 풍조가 강해졌다는 것이다. 그러다 보니 예전처럼 서로 대화를 나누는 일도 없고, 한술 더 떠

'나를 알아보는 사람은 없겠지.'라고 생각해 제멋대로 행동하는 사람들이 많아졌다는 것이다. 이어서 그 직원은 경기는 좋아지고 상가들도 인파로 붐비지만, 정서적 환경만큼은 예전만 못하다며 안타까워했다. 게다가 얼마 전에는 오래 전부터 이 동네에 살던 주민과 새로 이사 온 사람들이 큰 다툼을 벌이는 것을 보았다고 했다. 조금씩만 양보하고 이해하면 될 것을 뭐 그리 옥신각신하는지 모르겠다며 그는 혀를 찼다.

우리의 대화는 한참이나 계속됐다. 그는 동네 사람들이 예전처럼 오순도순 살아가려면 무엇보다 일상적인 대화가 중요하다고 목소리를 높였고, 나도 고개를 끄덕였다. 알고 보니 예전과 확연히 달라진 점이 하나 있었다. 낯선 타인들끼리 만나다 보니 눈 인사 한 번 나누지 않게 된 것이다. 더 나아가 그는 이 모든 문제를 지역 사회의 문제로 생각하고 있었다.

"사실 이런 건 매번 부딪치는 문제 아닙니까. 정부가 나서거나 경찰이 동원된다고 해서 해결될 일이 아니잖아요. 서로를 이해하려는 말 한 마디 속에서 얼마든지 해법을 찾을 수 있는데……. 알고 보면 우린 모두 친구가 되기 직전의 사람들 아닙니까? 동네 사람들마저 남이라면 얼마나 삭막하겠어요."

그의 말은 틀린 데가 없었다. 언제 어디서나 작은 관심과 배려가 관계를 살린다. 일상 속에서 만나는 일이야말로 친구를 만날 수 있는 가장 좋은 기회인데, 요즘엔 그런 관계 만들기가 하늘에 별 따기다.

물론 이에는 적잖은 용기가 필요하지만, 사실 하나하나 따져보면 그리 어려운 일도 아니다.

일상적인 관심을 가진 한 마디. 바로 이를 통해 우리는 이웃을 내 영역으로 받아들일 수 있다. 어디서 누구를 만나건 작은 인사말이라도 건네 보자. 작은 인사가 반복되다 보면, 어제까지 타인이었던 사람도 오늘은 친구가 되어 있을지 모른다.

친구는 나의 건강 보험

친구 가족들이 함께 모이면, 각자 무리로 나뉜다. 대개 남자들은 TV로 스포츠를 함께 보고, 여자들은 모여서 속마음을 털어 놓는다. 남자나 여자나 모두 각자의 방식으로 유대를 형성하는 것이다. 이것은 실로 굉장한 힘이다. 남성의 입장에서는 행동을 함께 하고, 여성은 마음을 나누면서 서로를 치유해 간다. 남녀 차이는 있지만 결국 모두가 서로를 알아 가고 위로하는 셈이다. 이처럼 사람은 누구나 서로를 치유할 수 있다. 나누는 것, 함께 하는 것, 그 자체가 강력한 치유 작용이라는 뜻이다.

한 조사에 의하면, 사회적 접촉이 가장 왕성했던 이들이 사망할 확률은 그 반대편에 놓여 있는 사람들의 절반에 불과하다고 한다. 또 사회적 유대의 결여는 흡연보다도 조기 사망률을 높인다. 인간적 유대가 생활을 윤택하게 만들어 주는 동시에 수명까지 늘려 준다는 것을 명확히 보여 주는 결과가 아닐 수 없다.

뿐만 아니다. 친구나 친지를 둔 사람들이 감기에 걸릴 확률은 사회적 유대 관계가 빈약한 사람들의 4분의 1밖에 되지 않는다는 연구 결과도 있다. 이에 대해 면역학자인 로널드 글레이서 박사는 "어떤 사람에게 당신이 할 수 있는 가장 나쁜 일 가운데 하나는, 그를 사회로부터 격리시키는 것이다."라고 단언한다. 친구 없는 환경이 주는 고립감이 얼마나 치명적인지를 말하는 것이리라. 보통 중범죄를 진 죄인을 격리 수용하는 것도 같은 맥락에서 보면 될 것이다.

친구가 없다는 고립감이나 고독감은 인생 전체를 시들게 한다. 친구를 만날 때, 우리 내부의 감정은 긍정적 신호를 보낸다. 나는 혼자가 아니며 위안을 받을 수 있는 환경에 놓여 있다는 안정적 심리 효과가 발생하는 것이다. 나아가 이는 소속감과 연대감을 불러일으키고, 대인관계에서 원만한 태도를 취하도록 만든다. 직장 내에서도 친구 같은 동료 의식은 상호 유대의 강한 힘을 발휘하며, 협조적이고 적극적인 조직 문화에 기여한다.

친구가 없는 사람은 모든 사람을 적으로 만들 수 있다. 그러나 친구가 있는 사람은 또다시 누군가의 친구가 되어 준다. 친구는 나를 정서적으로 육성시켜 발전의 동력을 키워 주며 무엇보다도 감정 치료사 역할을 해 준다. 뿐만 아니라 함께 나누는 원활한 의사소통이 위기에 처한 이들에게 커다란 위안이 된다.

  요즘 들어 한국의 중년들은 안팎에서 압박을 받는 샌드위치 신세다. 이런 중년 직장인들의 가슴에 쌓인 고충은 터놓고 대화를 나눌 수 있는 상대를 찾지 못하는 데서도 일부 발생한다. 사실은 나부터 마음 터놓을 친구를 찾지 못해 고독할 때가 있다. 어떤 주제는 길게 친분을 나눈 사람들하고만 대화할 수 있다는 판단 때문이다. 전화 한 통 해서 속사정을 이야기할 친구조차 없다면, 그야말로 갈대숲에나 달려가서 '임금님 귀는 당나귀 귀'라고 소리쳐야 할 판이다.

  많은 중년들이 육중한 고독의 지층 밑에서 살아간다. 위에서는 기존의 관념들이 누르고, 아래에서는 새로운 것들이 치고 올라온다. 이런 상황에서 가장 큰 위안은 바로 동년배들이다. 자기 세대의 문제는 자기 세대가 가장 잘 알지 않는가. 또 아무리 사회적 압력에 눌려 있다 한들 유대 관계만 잘 유지해도 감정적 치유는 가능하다.

  더 오래, 더 건강하게, 더 현명하게 살기 위해서라도 친구는 반드시 필요하다. 친구가 있다면 건강도 좋아지고 오래 살 수 있다니 쾌재를 부를 일 아닌가.

친구가 될 수 없는 사람

"아무리 노력해도 친구가 될 수 없는 사람이 있어요. 그건 내 문제가 아니죠. 그런 사람들은 어디든 있게 마련입니다."

구인범 씨는 많은 시간이 흘렀지만, 지금도 잊지 못하는 끔찍한 기억이 하나 있다. 바로 한 직장 상사에 대한 기억이다. 물론 그 직장에 미련 따위가 있는 건 아니다. 그러나 그 직장에서 만났고 헤어졌던 그 상사에 대한 아주 또렷한 기억은 아직도 그를 괴롭히고 있다.

구씨는 몇 해 전, 어느 외국계 제약 회사에 입사했다. 영업 분야의 베테랑이 필요했던 회사 측이 구씨에게 스카우트 제의를 해 왔고, 결국 그는 구원 투수의 입장으로 당당히 이 회사에 입사했다.

첫날 도착해 자료를 살펴보니, 회사가 진행하는 사업은 지진부진하기만 했다. 미수금은 회수될 기미도 보이지 않았고, 직원들은 연일 꼬꾸라지는 시장점유율과 매출 하락 속에서 깊은 절망감에 빠져 있었다.

문제는 이런 상황이 전혀 개선되지 않고 반복되고 있다는 점이었다. 그러다 보니 분위기는 냉랭하다 못해 조직 전체가 얼음에 갇혀 있는 듯한 느낌이었다. 구씨는 그때 마치 영안실에 앉아 있는 것 같았다고 회상한다. 또한 분위기가 이렇다 보니 따뜻한 말 한 마디도 찾아 볼 수 없었고, 긍정적인 태도보다는 냉소적인 분위기가 팽배해 있었다.

그는 처음 부임하자마자 직원들과 면담을 통해 분위기를 일신해 나갔다. 직원들의 마음을 얼어붙게 만든 응어리를 녹이고 사업을 진척시켜 나가자 자연스럽게 모든 것이 조금씩 나아지기 시작했다. 그렇게 구씨가 1년여 넘게 힘을 쏟은 덕에 회사도 점차 안정을 되찾아 갔다.

그 무렵, 본사에서 새로운 임원을 파견했다. 그간 회사의 경영이 방만하다고 분석했던 상부가 특단의 조치를 내린 것이다. 신임 임원으로 온 이는 컨설팅 회사 출신으로, 그야말로 야망으로 가득 찬 사람이었다. 그는 회사의 문제를, 사업과 사람의 구조적인 문제 탓이라고 말하곤 했다.

그리고 얼마 후 그는 내부 권력 투쟁을 벌였고, 승리했다. 승리가 굳어지자 그는 직원들에게 다짜고짜 구조조정의 칼을 들이대기 시작했다. 전임자를 밀어낸 뒤부터는 아예 자신의 사람으로 구성원들을 채워나간 것이다. 직원들은 기가 막힐 수밖에 없었다. 조직이 이렇게 망가진 것은 전임자 역시 그런 방식으로 조직을 이끌어갔기 때문이었다. 그리고 그의 방식은 그 전임자가 취했던 방식과 전혀 다를 바가 없었다.

그는 구조 조정 도중에 종종 직원들에게 "밥값을 하라."는 말을 공공연히 내뱉었고, 이런 태도는 직원들 사이에 불신을 증폭시켰다. 이처럼 직원들의 심리적 역풍은 거세져 갔지만 겉으로는 잘 드러나지 않았으므로, 그는 결코 사태의 심각성을 알 수 없었다. 게다가 그는 자기 뜻대로 되지 않으면 히스테리 증상까지 보이기 시작했다.

전체 구조 조정 동안, 구씨도 호출을 당해 그 앞에 섰다. 구씨와의 첫 대면에서 그는 "후배들을 위해 물러나 달라."고 요구했다. 구씨는 자신이 회사에 어떤 기여를 했으며, 따라서 이유 없는 퇴직 종용은 받아들이기 어렵다는 뜻을 전했다. 개인적으로 아내의 건강에 이상이 있다는 말도 했다. 그러나 그는 가차 없이, 죽이기로 한 사람은 죽여 없애야 한다는 식으로 그를 대하기 시작했다. 그러나 구씨가 완강하게 거부하자 갑자기 그는 태도를 바꾸었다.

"당신이 그만두면, 그때부터 우리는 친구가 되는 겁니다."

그는 손을 내밀었고, 심지어는 다가와 그럴듯한 포옹까지 했다. 구씨는 바로 그때, 그의 모든 인격적인 면을 읽을 수 있었다고 한다. 그리고 그렇게 밑바닥까지 드러난 인성을 확인하자 한 마디 쏘아 주지 않고는 참을 수 없었다.

"친구가 뭐라고 생각하고 그 따위로 말하는 겁니까? 친구는 배려하는 겁니다!"

대강 분위기를 넘겨보려 했던 그는 구씨가 자기 뜻대로 움직여 주지 않자, 이번에는 인사 담당자에게 지시해 구씨에게 교묘한 정신적 고문을 가하기 시작했다. 결국 구씨는 육개월 남짓 괴롭힘을 당한 뒤에 회사를 떠나기로 결심했다.

구씨는 떠난 뒤에야, 후배 사원들을 통해 그가 왜 그렇게 자신을 집요하게 쫓아내려 했는지를 알게 되었다. 구씨가 맡아 하던 사업 부문은 어느새 그의 라인 사람에게 넘어가 있었다.

이런 일을 겪은 후 구씨는 사람에게 크게 실망했지만, 다시금 상처 입은 영혼을 추스르고 일어났다. 그리고 그 무렵부터 인간관계에 대해 한 가지 분명한 입장을 갖게 되었다.

"그 사람은 내가 퇴직했으니 자기가 이겼다고 생각했을 겁니다. 세상 어디에나 그런 종류의 인간은 있게 마련이죠. 타인에 대한 배려는 눈곱만치도 없이 자기 이익만 추구하는 사람 말입니다. 자기가 얼마나 파렴치한지도 모르고 말입니다. 처음엔 나도 화가 났지만, 그런 사람들은 영영 그렇게 살아갈 테니 놔둬도 될 것 같았습니다. 언젠가는 자멸하겠지요. 그렇게 생각하니 오히려 마음이 편해지더군요. 나는 그런 사람과 똑같은 사람이 되고 싶지는 않습니다. 그 사람이 말했던 친구라는 말, 그 말을 듣는 순간 뱃속에서부터 구토가 나오더군요."

힘겨운 과정을 통해 구씨는 친구라는 단어에 대한 나름의 정의와 자기 철학을 세웠다. 친구란, 아무데나 쓸 수 있는 호칭이 아니라는 것 말이다. 그는 사장이 자신에게 '친구'라는 말을 썼을 때 느꼈던 모멸감을 평생 잊지 못할 거라고 말한다.

"그 순간은 결코 잊지 못할 겁니다. 친구라고 포옹하면서 한손으론 등에 칼을 꽂는 그런 기막힌 상황을 어떻게 잊겠습니까? 안 그렇습니까?"

그는 어쩌면 그 순간, 아무리 힘들어도 결코 잊지 말아야 할 것이 있으며, 그것은 멀리 있지 않다는 사실을 깨달았을지 모른다. 또한 어떤 상황에서도 상대의 정신을 피폐하게 만드는 언행은 하지 말아야 한다는 것도 깨달았을 것이다. 처음엔 '친구'란 말을 들으면 과거의 악몽이 되살아났지만, 지금은 그때 일이 오히려 진실한 우정을 키우는 좋은 계기가 되었다고 말한다.

"나는 누군가에게 진실한 '친구'가 되어야겠구나……. 그 일을 통해 배웠죠."

부드럽지만 단호하게 '친구'라는 단어를 중얼대면서 구씨는, 보일 듯 말 듯 미소를 지었다.

친구든 적이든

내가 아는 한 스님은 늘 이런 말씀을 하셨다.

"세상에 친구든 적이든, 다 부질 없는 짓이다. 좋은 감정이든 싫은 감정이든, 흘러가다 멎는 물방울처럼 허망하기 이를 데 없는 거야. 그러니 살아서 좋은 마음으로 남을 대하거라. 죽으면 송장인들 후회할 수 있겠느냐."

이 세상은 욕망이 들끓기에 번뇌 또한 끊이지 않는다. 세상살이란 타인과 피할 수 없는 관계 속에 놓이는 것을 뜻한다. 살다보면 좋든 싫든 관계를 만들게 되고, 이것이 나를 규정하게 된다. 스님 말마따나 좋은 관계든 불편한 관계든 다 죽고 나면 부질없겠지만 살아 있을 때는 그걸 잘 모른다. 그저 살면서 작은 평화를 구하는 것, 이것이야말로 진정한 우의를 도모하는 방법인 것이다.

굳이 친구는 못 돼도 적대적 관계를 만들면 마음이 불편하다. 어떤 경우든 적대적 관계는 좋은 결과를 가져오지 못한다. 세속적인 성공을 떠나 마음이 불편하고, 그 때문에 일에 몰두할 수 없게 된다. 누구 때문이 아니라 자기 마음이 그렇게 만든다.

장자에 나오는 말처럼 우리는 스스로에 대해 무지하다.

"매미는 봄과 가을이 있다는 것을 모른다不知春秋."

장자는 모든 것이 흘러가다 결국엔 제자리를 찾게 되는데, 인간들은 안타깝게도 스스로를 닦달한다며 나무란다. 제자리만 맴맴 도는 우리의 무지를 질타한다. 미처 몰랐던 계절이 언젠가는 눈앞에 펼쳐질 거라는 사실을 외면한다는 것이다.

사람에 대한 마음도 이 같다. 일방적인 의존에 기초한 우정, 경쟁이 만들어 낸 질투심, 바로 이것들이 그 동안 얼마나 많이 우리 삶을 허물어뜨렸는가. 사람 만나는 일이 삶의 피로를 줄여 주기는커녕 오히려 증폭시키는 일이 된다면, 그 자체로 세상은 감옥일 것이다. 사람을 대할 때 무위無爲를 유지할 수 있으면 좋으련만, 아직 덜 여문 솔방울이라서 시끄러운 걸까. 친구든, 적이든, 과연 우리는 사람 대하는 방식을 제대로 알고는 있는 걸까?

관계는 노력 여하에 따라 바람처럼 상쾌할 수도 있고, 곧 말라 버릴 웅덩이의 장구벌레처럼 끔찍하기도 하다. 그리고 어느 쪽을 택할지는 자기가 정하는 것이다.

　기본적으로 사람에게는 모두 나름의 사연이 있다. 사람을 대할 때마다 저 사람의 본연의 모습은 어떨까 생각해 본다. 본성은 선한데 비뚤어져 있는 사람도 봤고, 몹쓸 사람이라고 생각했던 사람이 실은 그렇지 않다는 것도 알게 되었다. 삶의 어느 국면에서 궤도를 달리하면서 나름의 모습을 갖춘 것이다.

　상대와 어떤 관계를 어떻게 맺는가, 이것이 때로는 인생을 바꾼다. 인생을 제대로 안다면 우리는 무적천하의 삶을 누릴 수 있다. 적도 아군도 없고, 친구도 타인도 없는, 그야말로 자유로운 삶 말이다. 남들과 더불어 살고, 그들의 마음 깊은 곳을 꿰뚫어 보는 사람만이 가질 수 있는 그런 삶……. 만일 이것이 가능하다면, 한여름 매미처럼 짧은 생애를 살며 부질없이 울어대지는 않아도 될지 모른다.

　스님의 말씀을 듣다 보니, 나 역시 물웅덩이에 갇힌 장구벌레 신세라는 생각이 들었다. 그렇다면 내 안에 숭고한 정신을 되찾아, 그걸 친구 삼아 살아갈 수는 없을까. 아니, 아직 시퍼렇게 펄펄 뛰는 나이에 또다시 누군가를 친구로 받아들여야 하는 걸까. 그렇다면 그 친구는 어디 있는가?

　"좋은 마음을 지어라. 선업을 쌓아라. 누굴 벗 삼을 것도 없이, 네 지은 마음이 스스로 보기에 편안하다면 그만한 벗이 없을지니라."

　산사를 다 내려올 때까지, 스님의 말이 계속 귓가에 맴돌았다.

행복한
중년을 위한
친구론

01+++ 나를 쇄신하면 우정도 오래 간다

아무리 단단한 우정도 한순간 잘못으로 깨질 수 있다.

많은 이들이 이십대나 삼십대 때와는 달리 중년이 되면 우정도 견고해질 것이라고 믿는다. 하지만 그건 착각이다. 물론 부딪쳐도 소리가 날 뿐 깨지거나 금이 가지 않는 친구도 있다. 자기 주장을 펴더라도 타인의 주장에도 고개를 끄덕여 주는 친구도 있다. 자랑을 늘어놓아도 앞에서 조용히 미소만 짓는 친구도 있다. 쉽지만은 않을 텐데 이렇게 마음의 평정을 유지할 줄 아는 친구는, 정말이지 인격적으로도 훌륭한 사람이다.

그렇다면 그들이 가진 특징은 무엇인가? 어쩌면 그들은 부단히 자신을 자각하고 고쳐 왔던 것은 아닐까? 자기 아집을 깨고 사람 사이에 우뚝 선 것 아닐까?

쉽게 깨질 수 없는 친구를 사귀자. 그리고 그 이전에 내가 그런 친구가 되도록 노력하자.

02+++ 잃기도 하고, 발견하기도 하는 것

세상 여느 관계와 마찬가지로 친구 또한 자칫하면 잃게 된다. 이런 불행이 벌어지는 것은 서로 간에 지속성을 가질 만한 근거가 부족해졌기 때문이다. 그 중에서 가장 큰 이유는 바로 오해와 무관심이다.

예를 들어 이사를 하거나 다른 환경을 접하면서, 우리는 이전의 친구들을 잃어 버린다. 물론 그 친구를 잊고 다른 친구들을 사귈 수도 있다. 하지만 아무리 많은 사람들을 만나도, 그 중에 친구가 되는 사람은 소수에 불과하다. 그러나 이처럼 맥없이 잃어 버리는 관계를 미리 챙기고 도닥인다면, 새로 사귄 친구들까지 더해 당신의 관계는 더욱 더 풍요로워질 것이다.

한 번 잃었다고 두 번 잃으라는 법은 없다. 만일 가슴 속에 아깝게 잃어 버린 친구가 있다면, 이제는 주변에 남은 친구들을 세심하게 돌아 보자. 그리고 그에 머물지 말고 무심하게 당신을 스쳐 가는 사람들 속에서 또 한 명의 친구를 찾아 보자.

03 +++ 자신이 무엇을 찾고 있는지 알라

친구 없이 흘러가는 인생은 사막을 걷는 여정과 다를 바 없다. 지루하고 갈증 나는 인생이 눈앞에 펼쳐지는 셈이다. 친구는 인생이라는 여행을 함께 해 나가는 동반자다. 여기엔 부부도 있을 수 있고, 동네의 이름 모를 빵집 아저씨도 있다. 우리는 누구와도 친구가 될 수 있지만, 여기에는 분명히 함께 추구하는 공통점이 있어야 한다. 부부처럼 목적지가 같아도 좋다. 하지만 전혀 다른 인생의 여행지를 목표로 하는 사람과는 함께 가기 힘들다. 우리의 성장은 동반자를 만날 때 가속도가 붙는다.

세상 모든 사람들과 연인이 될 필요 없지만, 친구가 될 만한 충분한 이유는 있다. 적어도 그들을 통해 내 모습의 작은 일부를 발견할 수 있기 때문이다.

04 +++ 관계 맺는 법을 배워라

　우리는 타인에게 자신을 노출시키지 않기 위해 노력한다. 두렵기 때문이다. 대다수의 사람들이 한 번에 친해지는 것보다 단계적으로 서로를 알아가는 것을 더 좋아하기 때문이며, 대다수는 이렇게 타인을 점진적으로 받아들이는 데 익숙해져 있다.

　어떻게 보면 이 과정은 쉽고 당연하게 보이지만, 실제로는 그렇지 않다. 지금까지 우리가 맺은 친구 관계들은 많은 위험을 극복하며 만들어진 관계다. 누구나 친구가 될 수 있지만 결국 타인으로 남게 된 사람들을 생각해 보자. 그들과의 관계에는 어떤 공통점이 있는가? 환경 차이나 인식상의 문제도 있지만, 무엇보다도 관계 설정상의 문제가 크게 작용했을 것이다.

　A이라는 사람이 있다. A는 누군가와 친구가 되었으면 좋겠다고 생각하지만 다가갈 때마다 늘 퉁명스럽게 말을 건넨다. 결과는 어떨까? 당연히 친구를 만들기 힘들 것이다. 잘 제어된 대인관계를 보면, 타인과 관계를 잘 맺는 법을 아주 충실히 따르고 있다. 관계 설정에 실패해 친구가 될 수 있었던 사람과 타인으로 남게 되었다면, 대다수 방식의 문제에서 비롯되었다고 봐도 과언이 아니다.

05 +++ 내면의 가치를 발굴하라

　어릴 때 친구와 성인이 되었을 때 친구는 어떻게 다를까? 젊었을 때 친구는 놀이나 공부를 바탕으로 한 교우 관계가 대부분이지만 나이가 들면 사업이나 소속된 커뮤니티, 나아가 깊이를 더할 수 있는 관계를 찾게 된다. 젊었을 때처럼 마냥 외형을 추구하지도 않는다. 내적 성장을 위해 친구가 필요하다는 것은 누구나 아는 사실이며, 지금 만나고 있는 친구들에게도 비슷한 요구를 가지게 된다. 오랜 시간 사귀어 왔으나 왠지 정신적인 만족감이 향상되지 않는다면 무엇이 문제인지 조용히 친구와 얘기해 보자. 아마도 당신은 그 또한 삶의 깊이를 함께 나누고 싶어 한다는 점을 발견하게 될 것이다.

나이가 들면서 깊은 우정을 쌓으려면 반드시 정신적인 공유가 필요하다. 서로의 내면적 가치를 발굴해 주고, 정신적으로 북돋아 줄 수 있는 친구는 인생에서 가장 의미 있는 선물이다. 나를 성숙하게 만들어 줄 친구를 만나 정신적 교류를 강화하자. 한 차원 높은 삶이 펼쳐질 것이다.

06+++ 사적인 문제는 스스로 해결하라

관계란, 스스로 문제를 해결할 수 있는 능력이 있을 때 발전한다. 스스로 해결하려고 노력했지만 그래도 되지 않을 때 도움을 청하는 것은 물론 괜찮다. 친구란 바깥에서 내 영역을 인정해 주고, 물러나 있다가 내가 도움을 요청할 때 기꺼이 부응해 주는 사람이다. 그러나 지나치게 사적인 문제를 들고 나온다면 그것이 관계에 부담으로 작용할 수도 있다. 또 극단적인 경우에는 교류 자체가 단절될 수도 있다. 친구 사이의 공유란, 모든 사적 영역을 공개하는 것을 뜻하지 않는다. 오히려 너무 사적이라 자신이 챙겨야 할 부분은 자기 관리 하에 두는 확고한 태도가 필요하다. 자기 태도가 흐리면 관계가 엉뚱한 방향으로 흘러갈 수 있다는 것을 명심하자.

07+++ 동등과 평등의 입장에 서라

경제적 능력이 판이했던 친구 A와 B 사이에는, 우정이라기보다는 종속적인 관계가 싹텄다. B는 그 이유에 대해, 서로 다른 조건에서 만나다 보니 깊은 속내까지 털어 놓는 친구 사이가 되기는 힘들었다고 말한다. 그렇다면 나이 들어 만나는 친구는 같은 경제적 능력을 지닐 때에만 유지될 수 있는 걸까?

사교 전문가들은 경제적 능력이 달라도 서로 어떤 태도를 취하는지가 관계를 결정짓는다고 말한다. 상호 간에 동등하고 평등한 심적 태도와 행동이 뒤따를 때, 둘 사이의 관계도 더욱 돈독해진다는 것이다. 경제적 문제가 관계의 방식을 지배하지 않도록 하는 것, 상호 존중과 상대의 부족함을 감싸주는 관용의 태도, 바로 이것이 친구 사이에 나눌 수 있는 최상의 우정이다.

08+++ 우정에 대해 분명한 태도를 취하라

나는 이 우정을 통해 무엇을 발견하고자 하는가? 건전한 삶과 보다 가치 있는 인생을 지향하고 있는가?
타인과 가까워지다 보면 자연스레 이런 질문을 던지게 된다. 그 대답이 그 만남의 의미를 설명해 주기 때문이다. 이처럼 우정에 대해 분명한 입장을 취하지 않는다면, 그 우정도 한낱 흔한 감정으로 전락할 수 있다. 우정이 지향하는 목적을 분명히 하고 자기 태도를 정하라. 누군가에게 끌려 다니는 우정은, 서로를 인정하고 북돋워 주기는커녕, 관계를 종속적으로 만들 위험이 있다. 어떤 경우든 관계를 그렇게 만드는 것은 타인이 아니라 바로 나라는 점을 잊지 말자.

09 +++ 여행자와 여행자가 만나다

A는 몇 해 전 여행을 떠났다. 그리고 처음으로 방문한 어느 시골 마을에서 평생을 함께 할 친구를 만났다. 그는 낙향한 농부였고, A는 그와 대화를 나누다가, 그가 천 평의 농지에 친환경 농법으로 농사를 짓고 있다는 것을 알게 되었다. 나아가 그는 새로운 농법과 관련된 책을 한두 권 냈으며, 대단한 학식까지 갖추고 있었다. 게다가 땅을 어루만지며 얻게 된 그의 인격에는 조금도 모자람이 없었다. A는 그와 얘기를 하며, 뚜렷이 마음을 사로잡는 어떤 느낌을 감지했고, 그 후로 그 둘은 평생 함께 하는 친구 사이로 발전했다.

"상대의 마음에 내가 들어섰고, 그의 마음이 내 안으로 들어왔습니다."

A는 그 행운의 순간을 이렇게 설명했다. 그리고 처음 그 친구와 만났던 순간을 설명해 주었다.

"길을 물었는데, 그가 이렇게 대답해 주는 거 있죠. '오히려 여기는 길을 잃은 사람들이 쉬어갈 만한 곳입니다. 별을 보신 지 얼마나 됐습니까?"

그는 그날 이 친구의 집에서 하룻밤을 지냈고, 함께 별을 보았으며, 그렇게 평생의 친구가 되었다.

10+++ 우정에는 책임이 따른다

무엇을 얻고자 한다면, 그에는 언제나 책임 또한 뒤따른다는 것을 기억하자. 궁극적으로 무엇을 소유한다는 것은, 그것이 또한 우리를 소유하는 일이다. 마찬가지로 친구를 사귄다는 것은, 나의 마음 일부를 떼어 그에게 넘겨주는 일이다. 그렇게 내 마음을 받아든 친구는 내 일부를 제어할 수 있게 된다. 반대로 나 또한 상대에게 그런 사람이 된다.

우정엔 어떤 책임이 뒤따르는가? 아마 온갖 사회적 관계에 따른 책임일 것이다. 내가 열어 둔 마음의 창을 통해 원치 않은 다른 어떤 것이 들어오는지 늘 살펴보는 것, 이것은 책임의 영역이다. 내가 내 마음의 갈피를 잡을 수 없다면, 너무 일방적으로 나갔거나 스스로 제어하지 못하는 상태에 놓여 있는 것이다. 우정 역시 책임의 범주를 벗어날 수 없다.

11+++ 그가 나와는 다르다는 사실을 받아들여라

대부분 관계는 수용보다는 필요와 기대에 근거를 둔다. 사람 사이에는 교감을 불러일으키는 강력한 메시지가 있는데, 그를 위해서는 상대를 수용하는 자세가 필요하며, 상대 역시 그렇게 하도록 유도하려면 등가의 감정을 교환해야 한다. 우정은 인생의 길은 여러 갈래가 있으며 그 차이를 인정하는 데서 출발한다. 그 아무리 다른 사람도 몇 가지 부분에서는 공유되는 접점이 있다는 것, 바로 이것이 친구에 대한 기본적 인식이다.

12+++ 친구를 사귀는 첫걸음, 나를 존중하라

누군가에게 다가서려면 가장 처음 무엇을 해야 할까? 우선은 내 안에 속한 여러 면을 알아야 한다. 나를 모르고서는 남을 받아들일 수 없으며 자신을 존중하지 않는 사람은 남을 받아들일 수도 없다. 친구를 만난다는 것은 서로를 인격체로 대하는 법을 터득하는 일련의 수련 과정이다. 단순히 나보다 나은 사람을 일방적으로 숭배하는 것을 우정이라고 부르지는 않는다. 이것은 친구를 사귀는 게 아니라 우상을 섬기는 것이다. 바로 내가 자신의 가장 소중한 친구라는 점을 기억하자.

13+++ 생명력 있는 우정을 가꿔라

생명력 있는 우정이란, 자연의 원리처럼 서로에게 힘이 되는 관계를 뜻한다. 어느 한쪽의 희생이나 관심으로는 우정이 성립될 수 없다. 우정은 서로가 교감하는 것이며, 우호적 감정을 확장하는 것이다. 그래서 때로는 '다르다' 는 이유로 갈등을 일으키기도 한다. 하지만 정작 이런 갈등을 극복할 때 생명력 있는 우정도 싹 튼다. 이미 수명을 다한 우호적 감정에는 이끼만 끼지만, 살아 있는 굳건한 감정에는 생명이 잉태한다. 우정의 성장에는 한계가 없다. 생명력 있는 우정을 키우자. 그런 우정은 심지어는 시공조차 뛰어넘는다.

14 +++ 받는 것이 아닌, 주고받는 것이 우정이다

받는 것에만 익숙해진 사람들은 타인의 호의를 되돌려 주는 데는 미숙하다. 주변을 보면, 대다수는 타인에게 도움을 주고 싶어 한다. 그를 통해 만족과 마음의 평화를 얻기 때문이다. 또 이를 통해 건전한 관계에서 비롯되는 생활의 활력까지 느낄 수 있다.

받기만 하는 경우엔 어떨까? 우정이란 타인의 우호적인 관심의 영역 안으로 들어서는 일이며, 그를 통해 서로의 유대를 강화시켜 나가는 과정이다. 우리는 무언가를 주는 일에 보다 성숙한 태도를 취할 필요가 있다. 자연스럽게 감정을 전달하는 법을 알아야 한다는 뜻이다. 결국 주고받는 일이란 그런 일련의 과정을 통해 내 가슴 속에 타인이 살아가는 방을 만들어 주는 일이다. 그대의 마음엔 몇 개의 방이 있는가?

15 +++ 옛 친구에게 다가가기

오래 전 우정을 다시 찾고자 한다면 적극적으로 먼저 나서서 불을 지펴라. 그 친구를 몇십 년간 만나지 않았을 경우 새삼스럽게 연락을 하는 것도 어렵고, 심지어 속이 보인다는 생각이 들지도 모른다. 하지만 실은 그렇지 않다.

친구 관계란, 이런 오랜 공백기를 넘어 가끔 연락을 취해 서로의 근황을 물어보고, 만나서 함께 밥을 먹고, 같이 웃는 것이다. 모든 만남에 너무 큰 의미를 부여하거나 과도하게 진지해질 경우, 소탈하게 웃을 수 있는 축복의 시간조차 잃게 될 위험이 있다. 옛 친구에게는 가벼운 마음으로 다가가라.

16 +++ 원하는 것을 표현하라

불편한 심기, 불유쾌한 농담, 지나치다고 느끼는 간섭에는 어떻게 대처하는 것이 현명할까? 불행하게도 우리는 이런 상황에 대해, 성장기는 물론 성장기가 지난 다음에도 제대로 교육받아 본 적이 없다. 기껏해야 사회적 통념과 부모의 영향 하에 형성된 관념이 전부다. 감정 표현을 위해서는 체계적이고 고도화된 훈련이 필요한데도 불구하고, 결국엔 그 방법을 스스로 터득해 가야 한다. 그런 미숙한 표현력의 영향은 직장 생활까지 이어진다. 감정적 문제 앞에서 속수무책이 되어 쉽게 화를 내거나, 대립하거나, 외면하고 만다. 그리고 우정은 이런 면에서 훌륭한 훈련의 장이다. 상대에게 내 불편한 점을 설득시켜 상대가 그런 행동을 중지하도록 유도해 보자. 다소 직설적이라도 자기를 표현하는 것은 결과적으로는 현명한 일이다. 친구 간에 생길 수 있는 오해가 불식될 뿐 아니라, 서로가 원하는 방향으로 관계를 발전시킬 수도 있다. 아직도 감정 표현에 익숙하지 않다면 친구를 통해 그 방법을 다시 터득해 보자. 친구야말로 가장 최상의 감정 연습 파트너가 아닌가?

17+++ 완벽한 친구란 없다

친구도 나와 마찬가지로 매우 불완전한 사람들이다. 그들 또한 다를 바 없이 말 못할 속사정을 품고 있다. 아무리 잘나가는 친구도 속으로는 걱정이 태산이며, 모든 얘길 나눌 수 있는 친구에게도 차마 못 하는 말이 있다. 친구를 인정하고 받아들인다는 것은 이 같은 그의 부족한 면까지 함께 받아들이는 것을 뜻한다.

어쩌다 보니 관계 자체에 문제가 생겼다고 치자. 그럴 때일수록 완벽한 친구는 없다는 것을 알고 최선을 다하려는 노력이 필요하다. 친구에게서 완벽을 기대하면, 어떤 경우든 실망하게 되어 있다. 내가 그의 기대에 부응하지 못하는 면이 있는 것처럼, 그 역시 내게 그럴 수 있는 점을 받아들일 때 친구 사이에 생길 수 있는 과잉 기대를 극복할 수 있다.

애당초 친구란 서로 부족한 부분을 채워 주기 위한 존재다. 중요한 것은 남들이 어떻게 생각하든 서로가 본연의 역할을 다하고 함께 발전해 나갈 때 그 우정도 깊어진다는 점이다. 우리는 완벽한 게 아니라 완벽함을 추구하며 사는 존재라는 점을 잊지 말자.

18 +++ 친구는 선택의 대상이다

　인생에서 누군가를 선택해 마음에 담는다는 것은 보통 축복이 아니다. 우리는 언제나 타인을 선택할 수 있고, 그들 또한 나를 선택할 수 있다. 함께 즐겁게 지내는 것도 하나의 선택이다. 함께 웃거나 노래 부르는 것도 어디까지나 선택 속에서 이루어지며, 바로 그런 선택의 과정에서 우정도 싹튼다. 따라서 친구를 만날 때는 이 선택이 가져 올 기쁨을 염두에 두고, 그 의미를 되새겨 보고 선택했다면 그것이 자신의 의지였음을 늘 상기하며 서로를 배려하자.

19 +++ 관계의 법칙을 알라

　타인과의 관계에서는 반드시 하나를 기억해야 한다. 내가 원하는 것과 줄 수 있는 것의 차이를 알고, 기꺼이 주고 싶은 게 무엇인지를 깨닫는 것이다. 줄 것이 전혀 없을 때 상호 교환을 전제로 한 우정의 법칙도 설 자리를 잃게 된다. 줄 때는 말로 주고, 받을 때에는 되로 받아라. 설령 되로 받았어도 섬으로 받은 듯 감사하라. 관계는 받은 것이 준 것보다 크다고 생각될 때 안전하게 유지된다.

20 +++ 서로 원하는 것이 무엇인지를 알라

　나와 상대가 서로 원하는 게 무엇인지 구체적으로 알지 못할 때, 친구를 얻기도 어려워진다. 때로 친구를 사귀는 것은 삶의 방향을 정하는 일이기도 하다.

생 텍쥐페리는 《바람과 모래와 별들》에서 이렇게 말했다.

"삶은 우리에게, 사랑은 서로 쳐다보는 것이 아니라 함께 같은 방향을 바라보는 것임을 가르쳐 주었다. 똑같이 노력하여 하나가 되지 않는 한, 동료 관계는 없다."

이 같은 관계를 만들고자 한다면 공동의 노력을 다하라. 여기서 잊지 말아야 할 것은 바라보는 방향이 같아야 한다는 점이다. 아니면 적어도 그 차이 때문에 서로를 타인으로 느끼지 않을 만큼 이해의 폭이 넓어야 한다.

당신이 가진 이해의 폭은 몇 뼘이나 되는가?

21+++ 낡은 관습으로 친구를 대하지 말라

지금 내가 가진 관념이나 관습으로 저 먼 별에서 오는 친구를 맞이하고 있지는 않은가. 친구가 된다는 것은 상대의 문화, 생각, 취향, 심지어는 버릇까지도 존중하는 것이다. 새로운 관계는 그래서 처음에는 삐그덕거릴 수밖에 없다. 심지어 우리는 우리 자신과도 그런 싸움을 벌여 나간다. 우리는 타자의 눈, 이방인의 눈으로 자신을 바라볼 필요가 있으며, 이 점을 터득하면 세상 누구와도 친구가 될 수 있다. 그것은 국경도 시대도 초월하며, 인류가 겹겹이 쌓은 온갖 방벽까지도 초월한다. 낡은 것을 쇄신할 때 친구를 만날 수 있는 영역도 넓어진다.

22 +++ 감정도 혼합이 필요하다

MIT대의 로버트 와이스 심리학 교수는 '우정을 위한 처방 중 하나는, 공통점과 차이점을 혼합하는 것'이라고 주장한다. 친구가 되려면, 서로를 이해할 수 있을 정도의 공통점과 주고받는 일이 자연스러울 정도의 차이점이 있어야 한다는 것이다. 이 말은 줄 수 있는 것과 받을 수 있는 것의 혼합을 통한 상호 이해가 우정의 본질임을 강조하고 있다. 만일 이 두 가지가 적절하게 혼합되지 못하고 어느 한쪽으로 흐른다면, 심리적인 손상만 초래하게 된다. 감정 혼합을 통한 경험의 확대야말로 균형 있는 관계의 법칙임을 잊지 말자. 우정도 사랑처럼 주거니 받거니 하는 품앗이가 필요하다.

23 +++ 우정에도 적당함이 필요하다

너무 많은 우정에 따른 의무는 우정을 지속하고자 하는 노력에 혼선을 몰고 온다. 나아가 당사자들을 지치게 만들고, 감정에 치이게 만든다. 즉 우정에 대한 감정은 그 자체로 존중받아야 하며, 여기에 과잉 감정이나 결핍된 감정이 끼어들면 문제가 발생할 소지가 높다. 훌륭한 감정 교류는 감정의 무한 발산을 뜻하지 않는다. 대신 적당한 감정을 교류하면서 어느 선이 서로에게 적절한지 나름대로 판단하는 것이다. 뭐든지 너무 지나치거나 부족하면 문제가 된다. 친구 간의 우정도 마찬가지다.

24 +++ 친구들에게 당신을 도울 기회를 주라

주는 것이 받는 것보다 낫다 해도, 친구에게 당신이 그를 필요로 한다는 것을 알려 주는 것 또한 행복한 일이다. 누구나 친구를 도우면 흐뭇하지 않던가. 그 만큼 사람은 기본적으로 이타적이다. "뭘, 이만한 수고쯤은 해 줄 수 있지." 어려움에 처한 친구의 자존심에 손상을 입히지 않고 조용히 도움을 주는 친구들은 그로 인해 커다란 만족감과 보람이라는 보상을 얻게 된다. "친구란 당신이 당신 자신에게 주는 선물이다."라는 로버트 루이스 스티븐슨의 말도 있지 않은가. 친구에게 나를 도울 기회를 준다는 것은, 나의 세계로 그들을 초대하는 것이다. 우리는 그런 행동을 통해 우정을 싹 틔우고 함께 할 수 있는 마음의 공간을 지니게 된다. 친구들에게 항상 망설임 없이 내 세계로 뛰어들 수 있는 여지를 주어라. 그는 들어올 것이다.

25 +++ 생각이 친구를 만든다

어떤 생각을 가지느냐에 따라 곁에 있는 친구들도 달라진다. 친구는 나의 생각이 만들어낸 결과물이다. 인생에서 선택의 여지 없는 관계는 그다지 많지 않다. 혈육을 제외한 모든 관계가 인위적이며 사회적인 산물인 셈이다. 따라서 친구를 선택하는 일련의 과정들은 우리로 하여금 그 사람을 내 생각에 비추어 받아들이거나 거부하는 것을 포함한다. 즉 친구를 만나는 과정을 통해 내 생각과 감정을 돌이켜 볼 수 있다는 얘기다. 언제나 내 느낌과 심적 상태를 잘 아는 것이 중요한 것도 그 때문이다. 누구를 무작정 받아들인다는 것은 불가능하다. 거기에는 자기와 맞는 일체화된 무언가가 필요하다. 그리고 그 '공통된 무엇'에 대한 생각이 친구를 찾게 만든다. 훌륭한 교우 관계를 맺고 싶다면 훌륭한 생각을 하자. 생각을 행동으로 옮기자. 그럴 때 당신이 원하는 친구도 얻게 된다.

26 +++ 경제적 이익에 목숨 걸지 마라

많은 친구들이 경제적 이해관계 때문에 관계를 단절한다. 친구들과 동업 등을 우려하는 것도 이 때문이다. 누군가를 끌어들여 무엇을 할 때 그 일이 생각대로 되지 않으면 자칫 관계마저 위협당한다. 아무리 돈이 되는 일이 있다고 해도 친구를 엮으려 들지 말라. 친구는 서로 떨어져 자기 영역을 지킬 때 보다 훌륭한 유대 관계를 형성할 수 있다. 우리는 친구에게 경제적 이익을 얻으려고 하는 것이 아니다. 친구이기에 얻을 수 있는 다른 것들은 얼마든지 있다. 함께 함으로써 삶을 반짝거리게 만드는 보이지 않는 이익, 그것이 돈보다 친구 사이를 윤택하게 만든다.

27 +++ 우정은 당장 행하라

옛 친구를 만난 지 오래되었다는 생각이 들 때, 왜 저 친구는 나한테 전화나 편지를 하지 않는 걸까 하고 그의 탓으로 돌린 적은 없는가? 그럴 때는 연락이 올 때까지 기다리지 말고 먼저 적극적인 태도를 취하라. 먼저 다가갈수록 우정은 가까이 내 삶 속에서 뿌리를 내린다. 우정은 숙제와도 같아서 미루다가 나중에 하려 들면 쫓기게 마련이다. 생각날 때마다, 당장, 무시로 행하라. 우정은 작고 사소한 관심에서 비롯된다.

28 +++ 발전적인 우정은 새로운 관계를 도입할 때 얻어진다

세월이 흘러 학교 친구들과 소원해지는 것은 왜일까? 여성의 경우 여고 시절에 단짝이 되어 꿈을 나누었던 친구들과 연락마저 끊기는 일이 많다. 아니, 만났다고 해도 마땅히 할 얘기가 없다면? 혹은 자식들 얘기나 남편 얘기 등 몇몇 주제 이외에는 딱히 나눌 공통의 관심사가 없다면? 혹은 대화 중에 이야기가 뚝뚝 끊기고 만다면? 만나기는 하는데 특별히 귀속감을 느끼지 못한다면?

이처럼 난감한 경우도 드물 것이다. 이런 관계엔 어떤 문제점이 있는 걸까? 관계는 시간과 환경에 따라 계속 발전될 때 유지 가능하다. 오래 전의 우정도 시간이 흐르면 더욱 성숙한 우정으로 자라나야 한다는 뜻이다. 우정도 성장을 멈추면 그 힘을 잃는다. 그럴 때 서로의 관계는 예전의 감정 이상 발전하기 어렵다.

29 +++ 물어 보라, 당신들은 어째서 친구인가?

우리를 묶는 공통점은 과연 무엇일까? 이 질문에 답할 수 있다면 일단 당신은 좋은 관계를 가진 사람이다. 중년의 친구는 젊었을 때의

친구와 달리, 서로 다른 영역에서 만나게 되는 경우가 더 많다. 그리고 이렇게 먹고사는 일로 만나는 사람들은 학교 등에서 만난 또래 집단들과는 여러모로 다르다. 각자 분명한 입장이 있고 관계에 대해 책임도 져야 한다. 많은 사람들이 이런 관계를 친구라고 부르지만, 그것이 진정으로 마음까지 닿기까지는 오랜 시간이 걸린다. 나이가 들면서 새 친구를 사귀기가 더 어려워질수록, 우리는 서로의 관계에 대해 분명한 질문을 하고 그에 답할 수 있어야 한다. 그는 나의 친구인가, 나는 그의 친구가 될 수 있는가, 우리는 무엇을 받아들이고 배려할 수 있는가.

30 +++ 살아온 이야기는 같아도

어린 시절의 친구를 만나 보면, 서로가 여러모로 달라진 것을 발견하게 된다. 다른 학교를 진학해 다른 직업을 갖고, 사회 곳곳으로 흘러 들어간다. 공부를 잘한 친구도, 껄렁껄렁 굴던 친구도 다들 살아온 이야기가 있다. 살며 겪은 애환이나 우여곡절 말이다. 사람살이라는 건 물론 경제적 여건이나 권력이나 사회적 지위에 따라 각자 달라지지만, 조금만 꿰뚫어 보면 그것들은 삶의 표피에 씌워진 포장지와 다를 바 없다. 그것을 인생의 지표로 삼는다면 그야말로 답답한 인생이 아닌가. 자기 인생을 초월해 삶의 지평을 넓히고 뛰어 넘은 사람을 볼 때면 깊은 감동에 젖게 되는 것도 이 때문이다. 한 번은 테레사 수녀와 백범 김구 선생의 일대기를 읽으며 내 삶에 대해 돌아보았다.

그리고 살아가고 있다는 사실은 같을지라도 살아온 이야기는 다른 친구. 그런 친구들은 위인들의 이야기 못지않게 감동을 준다. 그들은 내게 다른 삶을 보여준다. 그것은 경이 그 자체다.

31+++ 허물을 감싸 주어라

    사람은 누구나 비난하는 사람 앞에서는 공격적으로 변하고 인정하고 감싸주는 사람 앞에서는 우호적이 된다. 즉, 친구는 자신보다는 상대의 상처와 허물에 관대해질 때 생긴다. 이 점은 대인 관계에서 변함없는 원칙이다. 친구를 만들고 싶은가? 그렇다면 명확하다. 남의 약점, 남의 허물을 내 것처럼 감싸 주어라.

32+++ 친구는 나를 비추는 거울이다

    메난드로스는 "그 사람을 모르거든 그 벗을 보라."고 말했다. 친구는 나를 비추는 거울이며, 나는 그 거울을 통해 내 모습을 발견한다. 심지어는 친구를 통해 과거와 현재와 미래의 나를 보기도 한다. 고전적 표현으로 '삼인행필유아사언三人行必有我師焉'인 셈이다. 가끔 친구의 눈에 비친 나는 부족한 사람일 수도 있다. 또 그것이 나를 더욱 분발케 하는 계기가 된다.
    친구는 내 모습을 인화해낸다. 가끔 나는 그의 눈에 비친 피사체가 된다. 그의 눈에 비친 내가 잘못된 상이 아니기를 간절하게 바라며 삶의 길에 충분히 유념하자.

33 +++ 패밀리 프랜드를 가져라

사귀는 데는 서툴러도 한 번 사귀면 오래 가는 사람들이 있다. 나는 근래 내 주변의 몇몇 친구들과 가족 단위로 만남을 가지고 있다. 때로는 공원에서 함께 돗자리를 펴 놓고 일요일 오후를 맞이하기도 하고, 때로는 집에서 함께 저녁 식사를 하며 한가한 주말을 보낸다. 간혹 선을 넘을 듯한 주제의 대화에선 서로가 잘 컨트롤해 관계가 어긋나는 것을 막는다.

또 이렇게 가족끼리 만나면서, 관계 지속을 위해서는 무엇보다도 상호 존중과 인정의 태도가 가장 중요하다는 것을 깨닫는다. 때로는 게임도 하고, 애들 걱정도 하고, 시댁과의 갈등이나 남편이나 며느리의 역할에 대해서도 이야기한다. 그렇게 어느 집안이나 비슷한 갈등이 있다는 것을 느낄 때마다 놀랍고 심지어는 안도감이 든다. 어쩌면 이렇게도 똑같은 모습으로 살아가는 걸까, 하고 생각하다 보면 깊은 동질감까지 느끼게 된다. 그것이 때로는 뿌듯하다. 때로는 나이 들어가는 것에 대해 얘기도 한다. 조그맣게 검버섯이 생기고 있는 서로의 손을 잡으며 등을 두드려 준다.

이처럼 가족 단위로 만나는 친구들은 다른 구성원들과 함께 하는 관계기 때문에 때로는 아이들이 서로를 묶어 주는 가교 역할을 해 주기도 한다. 또한 개인이 아닌 가정이 성숙할 때, 우리 사는 사회도 성숙해진다는 것을 깨닫게 한다. 친구 부부에게 이 비슷한 얘기를 했더니 그들도 고개를 끄덕인다.

"애들한테서도 저렇게 배울 많이 있는데요, 뭘…….."

가족 단위의 친구는 함께 아이들을 돌보고, 관찰하며, 키운다. 문득 원시공동체 사회가 이랬을 거라는 생각이 든다. 정말이지 가족 친구는 태고 적부터 쌓아온 공동체의 형태라 더 마음이 끌리는 건지도 모르겠다.

이런 관계는 서로가 정서적으로 의지하고 함께 나간다. 수많은 강박에 시달리는 우리의 삶도 서로를 가족 구성원 자체로 묶으면 많은 것이 달라지리라. 가족 친구는 지극히 평화로운 삶을 선사한다. 지금 우리에게 필요한 친구는 이런 것 아닐까?

男子
友情

나가면서

당신을 만나러 가는 길

 인생은 관계를 맺는 것에서 시작한다.
 우리는 태어나 세상 밖으로 나온 이후, 매일같이 누군가를 만나게 된다. 나 같은 남을 찾기도 하고, 남 같은 남을 찾기도 한다. 그러다가 결국은 모두 함께 간다. 우리가 마음을 교류하려는 목적은 늘 같다. 상대를 통해 나의 존재를 확인하기 위해서다. 그리고 어떤 이와는 평생 서로를 증명하면서 살아간다.
 친구는 내가 살아온 만큼의 역사다.
 사람들이 서로 관계를 맺는 것을 보면 놀라울 때가 있다. 어떤 경우에는 너무 자연스러워 깨닫기도 전에 친구가 된다. 이제 그들의 눈앞에는 각기 다른 색의 물감을 함께 담아 놓은 팔레트처럼 찬란하고 긴 여정이 남아 있다. 이제 붓을 들어, 무언가를 함께 그려가기만 하면 되는 것이다.
 중년에 이른 지금, 아이들은 독립할 나이가 가까워지고, 아내와는 이십여 년 남짓 살았다. 그런데 앞뒤로 살펴보니 친구들은 하나둘 사라지고 있다. 퇴직해 연락이 닿지 않는 친구, 멀리 이민 간 친구, 병들어 누워 있는 친구, 갑자기 죽었다는 친구.
 혼자라는 생각이 퍼뜩 든다.

이제는 전력을 다해 친구를 찾아야 할 시기다. 젊었을 때처럼 그냥 좋은 대로 놔두는 대신 가꾸는 우정 말이다. 같이 운동도 하고, 등산도 가면서 사는 얘기를 하고 싶다. 아내에게 하지 못하는 회사 얘기도 털어 놓고 싶다. 흉허물이 있으면 그쯤에서 이해하고, 흠잡을 게 없다면 더할 나위 없이 좋고.

그래, 다소 흠이 있어도 덮어 주면 어떠랴. 함께 나누는 한마디 한마디가 여름철 청포도처럼 싱그럽다면 동네 슈퍼 아저씨인들 친구 되지 못하겠는가. 나이가 아무리 들고 환경이 바뀌어도 우리는 계속해서 친구를 찾게 되고, 또 만나게 된다.

이제는 만나고 싶은 그 사람을 찾고 내가 그런 친구가 되면 된다. 그리고 그렇게 낯선 사람과 친구가 되면서 결국에는 여행자처럼 나 자신과 만난다. 그것만으로도 이 세상은 덜 외롭다. 함께 할 수 있는 사람을 떠올리는 것만으로도 행복할 것이다.

이제 저 사람과 나는 작은 미소 하나만으로도 친구가 된다. 그리고 다시금 손을 뻗어 또 하나의 가지를 만난다. 그렇게 가지는 얽히고 얽혀 커다란 산을 이룬다.

돌이켜 보면 이것이 인생에서 우리가 배우는 전부일지도 모른다.

KI신서 912
남자, 마흔 살의 우정

지은이 전경일

1판1쇄 인쇄 2006. 10. 23
1판1쇄 발행 2006. 10. 31

펴낸이 김영곤
펴낸곳 (주)북이십일_21세기북스
책임편집 류혜정
기획편집 김성수 강선영 이정란
영업마케팅 정성진 이종률 최창규 한경일 김용환 정민영
교정교열 주영하

등록번호 제10-1965호
등록일자 2000. 5. 6

주소 경기도 파주시 교하읍 문발리 파주출판문화정보산업단지 518-3(413-756)
전화 031-955-2121(기획, 편집) 031-955-2100(영업)
팩스 031-955-2151
이메일 book21@book21.co.kr
홈페이지 http://www.book21.co.kr

값 10,000원
ISBN 89-509-0979-0 03810

* 이 책 내용의 일부 또는 전부를 재사용하려면 반드시 (주)북이십일의 동의를 얻어야 합니다.
* 잘못 만들어진 책은 구입하신 서점에서 교환해드립니다.